출애굽기

ESF교재편찬위원회 지음
이노호 지음

ESP

기독대학인회(ESF: Evangelical Student Fellowship)는
사도행전 1장 8절에서 선포되고 있는 예수님의 지상명령에 근거하여
캠퍼스복음화를 통한 성서한국, 세계선교를 주요목표로 삼고 있는
초교파적 선교단체입니다.

ESP는
Evangelical Student Fellowship Press의 약어로 기독대학인회(ESF)의
출판부입니다.

ESP 성경공부 시리즈_ 출애굽기
젖과 꿀이 흐르는 땅으로 안내하는 길

2016년 1월 20일 초판발행

지은이 이노호
만든이 기독대학인회 출판부
표지 디자인 조지선
내지 디자인 조지선

(사)기독대학인회 출판부 (ESP)
서울특별시 강북구 덕릉로 77
Tel. 02) 989-3476, 3477 | Fax. 02) 989-3385
esfpress@hanmail.net
등록 제 12-316호

출애굽기

젖과 꿀이 흐르는 땅으로 안내하는 길
Spiritual Navigation

출애굽기를 공부하기 전에

　아무리 시대가 흐르고 사람들이 바뀌어도 변할 수 없는 것은 성경공부입니다. 성경으로 돌아가자는 구호는 옛 종교개혁 시대에만 외치는 소리가 아닙니다. 오늘날 최첨단 과학문명 시대를 살아가는 우리들에게도 들려져야 할 외침입니다. 이 시대는 점점 보는 것에 만족하고 생각하기를 싫어하는 양상을 보이고 있습니다. 특히 성경공부하는 것보다도 감성적인 것에 치우친 경향을 보이고 있는 것이 현실입니다. 우리가 성경을 깊이 묵상하는 시간을 갖지 못하고 감성적인 것에 쫓아가면 구체적인 삶의 변화를 바랄 수 없게 됩니다.

　이런 시대의 흐름 속에서도 ESF 소그룹 성경공부는 성경공부의 좋은 전통을 지키고 있습니다. 지난 30여 년 동안 수많은 청년 대학생, 지성인들이 성경공부의 매력을 경험하였고, 예수 그리스도의 복음을 영접하고 구원 얻는 역사가 있었습니다. 대학 강의실에서, 동아리방에서, 교회에서, 작은 자취방에서 성경공부하는 모습은 민족의 미래를 밝혀주는 횃불이었습니다.

ESF 소그룹 성경공부는 다섯 가지 특징이 있습니다.

첫째, 아주 즐겁고 재미있는 성경공부입니다. 소그룹에서 성경을 한 권 공부해 보면, 성경이 이렇게 재미있는 책이었는지 재발견하게 될 것입니다.

둘째, 즐거운 대화식 성경공부입니다. 아무리 초보자라도 쉽게 참여하여 배울 수 있습니다.

셋째, 체계적인 성경공부입니다. 성경을 체계적이고, 종합적으로 이해하게 하는 성경공부입니다.

넷째, 믿음과 삶의 구체적인 적용을 배우는 성경공부입니다.

다섯째, 소그룹 리더를 길러주는 성경공부입니다. 소그룹에서 성경공부를 하면, 대부분 소그룹 성경공부의 리더가 될 수 있습니다.

본 문제집 내용은 말씀의 자리, 삶의 자리, 말씀의 자리 *+Plus* 로 구성되어 있습니다.

말씀의 자리는 본문 살피기와 생각하기 문제로 구성되어 있습니다. 성경 본문을 깊이 있게 관찰하며 해석하는 자리입니다.

삶의 자리는 말씀의 자리를 토대로 우리의 삶에 구체적으로 적용하는 문제로 구성되어 있습니다. 본문에서 파악되고 느낀 말씀의 은혜와 원리들을 각자 삶의 자리에 적용시키는 자리입니다.

말씀의 자리 *+Plus* 는 본문 말씀의 중요한 핵심 내용이나 본문 배경 등을 요약하여 설명하는 자리입니다.

계속하여 한국교회와 청년 대학생들 가운데 소그룹 성경공부가 활발하게 일어나서 예수님을 만나고 복된 인생이 되길 기도합니다.

2016.1.20
기독대학인회(ESF)

소그룹 성경 문제집 활용법

성경해석의 일반 원리를 알고 공부합시다.

1. 성경해석은 성경으로 해야 합니다.

성경의 가장 정확한 해석은 성경 자체입니다. 구약과 신약을 서로 연결시켜 공부할 때 바르게 이해할 수 있습니다. 의미가 희미한 말씀은 밝은 말씀에 비추어 해석해야 합니다. 상징, 비유, 애매한 부분은 병행 구절의 밝은 부분에서 그 뜻을 찾아야 됩니다.

2. 전체를 바라보는 눈으로 종합적으로 해석해야 합니다.

전체를 바라보지 못하고 한 부분에만 집착할 때 오류를 범하게 됩니다. 그러므로 성경 핵심을 파악하고 전체적으로 바라보며 해석해야 됩니다. 성경 전체의 핵심은 하나님의 아들, 예수 그리스도를 통한 인류 구속입니다. 그러므로 성경에 나오는 사건들이 그리스도와 인류 구원에 어떻게 연결되는지 살펴보면서 해석해야 됩니다.

3. 그 당시 시대 배경을 이해해야 합니다.

성경은 그 당시 사람들에 의해 기록되었으므로 당대의 지리, 역사, 풍습, 생활습관, 주변 상황 등을 파악하고 해석해야 됩니다.

4. 언어의 법칙과 문맥의 흐름을 중요시해야 합니다.

성경은 사람의 언어로 기록되었으므로 어휘, 문법의 이해가 중요하고 반드시 문맥의 흐름 속에서 해석해야 합니다. 따라서 일차적으로는 문자적인 해석을 한 다음 영적인 뜻을 찾아야 합니다.

5. 저자의 의도를 파악해야 합니다.

하나님께서 성경 저자의 성격, 교육 정도, 개성 등을 유기적으로 쓰셔서 성경을 기록하도록 하셨으므로 저자가 어떤 의도로 무슨 주제를 전개하는지 살펴보고 특별한 관점과 강조점이 무엇인지 알아야 합니다.

6. 오늘날 나에게 어떻게 적용되는지 살피며 해석해야 합니다.

성경은 비록 과거에 쓰여졌지만 하나님께서는 그 기록된 말씀을 통하여 각 시대 모든 사람들에게 말씀하고 계시므로 성경에 기록된 메시지가 당대 독자들에게 어떻게 들려졌는지를 살피면서 지금 나에게 어떻게 적용되는지를 살펴야 됩니다. 지금 나에게 말씀하시는 그 음성을 성령님의 도우심으로 듣게 될 때 말할 수 없는 큰 은혜를 체험하게 됩니다.

우리가 전자제품의 사용방법을 알고 사용하면 유익하고 편리한 것처럼 소그룹 성경공부 문제집도 활용방법을 잘 알고 사용할 때 매우 유익하고 편리합니다.

소그룹 성경 공부의 원리를 알고 공부합시다.

1. 성경공부 목적에 충실해야 합니다.

성경공부의 목적은 중생, 신앙성장, 영적 교제입니다. 그러므로 신학 쟁론에 빠진다든지 사소한 것으로 언쟁하느라 에너지를 소모하지 말고 성경의 깊은 뜻을 깨닫고 하나님의 음성을 듣는 일에 힘써야 됩니다. 그래서 하나님을 인격적으로 만나 중생하고 회개와 믿음의 결단이 이루어지며 서로 배우고 격려하는데 힘써야 됩니다.

2. 기도에 힘써야 합니다.

성경이 성령의 감동으로 기록되었으므로 성령님의 도우심이 있어야 성경의 진리를 깨달을 수 있습니다. 성령님의 감화가 있는 성경공부가 되도록 기도해야 합니다.

3. 즐거운 분위기를 이루어야 합니다.

혼자 공부할 때는 쉽게 지치지만 여럿이 즐겁게 공부하면 신바람이 납니다. 그러므로 그룹 구성원들이 서로 즐겁게 배우는 분위기를 이루기에 협력해야 합니다. 반드시 정성껏 사전 준비 공부를 하고 성경공부에 참여해야 성공적인 그룹 성경공부가 됩니다. 서로 앞다투어 연구하고 배우는 모임을 이루면 처음에는 어리고 연약한 모임도 나중에는 성숙하고 강한 모임으로 성장합니다.

4. 개인의 독무대를 만들지 말고 다 함께 참여하는 모임이 되어야 합니다.

그룹 공부의 어려운 점은 몇몇 수다쟁이, 익살꾼 등이 시간을 독차지해 버리는 것입니다. 이것은 미숙한 태도입니다. 듣기도 하고 묻기도 하며 성숙하게 배워가야 하겠습니다.

5. 분위기를 깨지 말고 적극적으로 참여해야 합니다.

그룹 공부의 또 다른 어려운 점은 구경꾼, 실쭉이, 인상파가 찬바람을 일으키기 때문입니다. 성숙한 인도자는 적절한 유머, 성경 읽기 권유, 적당한 때 끌어들이기로 이 문제를 잘 해결하지만, 너무 소극적인 태도로 나오면 몹시 힘이 드는 것이 사실입니다. 듣기도 할뿐더러 묻기도 하면서 적극적으로 참여하는 성경공부가 되어야 합니다.

6. 성숙한 그룹 공부 참여자가 되어야 합니다.

성숙한 사람은 성경공부를 잘 준비해 오는 것은 물론 적극적으로 공부에 참여합니다. 진지한 탐구자의 자세, 예리한 분석과 종합, 실생활에 적절한 적용 등으로 성경공부 수준을 높여갑니다. 그룹 성경공부는 아름다운 영적 교제를 겸한 매우 좋은 성경 진리 탐구 방법입니다.

출 애 굽 기 (Exodus)

책명

　우리말 출애굽기는 "애굽을 나간 기록"이라는 뜻입니다. 히브리 성경은 책 서두에 나오는 단어를 따라 쉬못(shimot: 이름들, the names)이라 부르고 있습니다. 1:1-이하는 야곱과 그의 권속들이 애굽에 이주하게 된 사건을 언급하면서 자손들의 이름을 열거하고 있는데, 이것을 볼 때 출애굽기는 창세기의 연장이고 아브라함에게 한 약속의 성취에 대한 전망, 즉 이스라엘 자손들이 어떻게 살아가며 하나님의 약속이 그들 가운데 어떻게 성취되는지에 대한 내용을 알려주는 것입니다. Exodus(엑서더스)는 exit, departure (히 11:22)의 뜻을 가진 라틴어의 불가타 역으로, 영어권에서는 출애굽기의 제목으로 널리 알려졌습니다.

저자 및 시기

　출애굽기는 모세가 성령의 감동으로 쓴 것임을 말해주는 구절들이 많이 발견됩니다(17:14, 24:4, 34:27). 여호수아 8:31, 열왕기상 2:3 등에 "모세의 율법책에 기록된"명령이라고 말하고 있습니다. 또한 신약성경도 출애굽기의 인용 구절에 대해서 모세의 저작을 주장하고 있습니다(막 7:10, 12:26, 눅 2:22-23). 저작 년대는 이스라엘의 출애굽 후 대략 15세기 후반(B.C.1445)으로 보고 있습니다.

역사적 배경

　출애굽기는 야곱이 애굽에 이르렀을 때(B.C.1875년 경)으로부터 431년이 지난, 곧 광야에서 성막을 세우기(B.C.1445)까지의 기간을 다루고 있습니다. 야곱의 자손은 하나님의 약속대로 크게 번성하였고, 이로 인하여 애굽의 새로운 정치 상황에서 노예의 신분으로 전락합니다. 바로는 이스라엘 민족을 영구히 노예로 삼고자 하지만, 하나님은 모세를 통하여 구원의 계획을 진행시켜 나가십니다. 이스라엘 민족의 구원이란 단지 노예 생활에서의 해방이 아니며, 선택된 민족으로서 약속의 땅까지 인도함을 받은 사실은 구속사적인 관점에서 중요한 의미를 갖는 것입니다.

**주요
내용**

출애굽기는 모세오경의 두 번째 책으로 애굽에서 노예 생활하던 이스라엘 백성이 하나님의 은혜를 받아 모세의 인도로 출애굽하여 시내 산에서 여호와 하나님과 언약을 맺고, 그의 백성이 되어 하나님께서 그들 가운데 거하실 수 있도록 성막을 만드는 사건을 기록하고 있습니다.

여호와 하나님께서는 상속자가 없이 떠돌이 생활을 하다가 시름에 잠겨 있는 아브라함에게 찾아오시어 다음과 같이 약속하셨습니다. 창세기 15:13-14 "여호와께서 아브람에게 이르시되 너는 반드시 알라 네 자손이 이방에서 객이 되어 그들을 섬기겠고 그들은 사백년 동안 네 자손을 괴롭히리니 그들이 섬기는 나라를 내가 징벌할지며 그 후에 네 자손이 큰 재물을 이끌고 나오리라" 그리고 이 약속은 아브라함에게 이어 이삭과 야곱에게 주어집니다(창 26:3-5). 여호와께서는 이 약속을 이루기 위하여 요셉을 그 형들의 손을 통하여 애굽으로 보내시게 됩니다. 요셉이 그의 아비, 야곱을 청했으나 애굽으로 내려가기를 두려워하는 야곱에게 여호와께서는 다음과 같이 말씀하셨습니다. 창세기 46:3-4 "하나님이 이르시되 나는 하나님이라 네 아비의 하나님이니 애굽으로 내려가기를 두려워 말라 내가 거기서 너로 큰 민족을 이루게 하리라 내가 너와 함께 애굽으로 내려가겠고 반드시 너를 인도하여 다시 올라 올 것이며 요셉이 그의 손으로 네 눈을 감기리라 하셨더라" 따라서 출애굽의 역사는 바로 이 여호와 하나님의 약속이 어떻게 이루어지는가를 기록하고 보여주는 것입니다. 여호와께서는 아브라함의 후손이 하늘의 별과 같이 많은 자손을 이루기 위하여 그 장소를 애굽으로 택하신 것이며, 이제 애굽이 두려워할 만큼 큰 민족을 이루자 아브라함에게 약속하신 대로 이들을 이끌어 내어 약속하신 가나안 땅으로 데려가려고 하신 것입니다.

구성   내용은 크게 두 부분으로 나누어지는데, 1-18장(구원의 문제)과 19-40장(예배의 문제)으로 나누어집니다. 지리상으로 구분하면, 애굽에서의 생활(1-12장), 시내산까지의 생활(13-18장), 시내산의 생활(19-40장) 등입니다. 다음은 주요 사건을 6가지 내용으로 세분화한 것이다. (24장의 언약을 맺는 사건이 핵심입니다)

1) 이스라엘을 찾아오신 여호와(1:1-6:30 ; 모세의 소명)
2) 이스라엘을 출애굽시킨 여호와(7:1-15:18 ; 열 재앙과 출애굽)
3) 이스라엘을 인도하신 여호와(15:19-18:27 ; 시내 산까지의 여정)
4) 이스라엘과 언약을 맺으시는 여호와(19:1-24:18 ; 십계명 및 언약서)
5) 이스라엘에게 진노하시는 여호와(32-34; 반역과 용서)
6) 이스라엘에게 성막을 주시는 여호와(24-31, 36-40)

**출애굽기를
공부함으로**

1) 하나님의 구속의 사랑과 구속의 진리를 역사 속에서 배우며, 예수 그리스도의 구속하심을 더 실감나게 알게 될 것입니다. 출애굽기는 기독교의 기본 원리와 복음의 핵심이 담겨 있는 책인 것을 알 수 있습니다.
2) 민족과 나라와 시대에 대한 하나님의 소망을 발견할 수 있을 것입니다.
3) 진정한 리더상, 목자상을 배워서 어디에서나 귀하게 쓰임을 받게 될 것입니다.

Contents

14

노예가 된 이스라엘

성경본문 | 출애굽기 1:1-22

요절 | "감독들을 그들 위에 세우고 그들에게 무거운 짐을 지워 괴롭게 하여 그들에게 바로를 위하여 국고성 비돔과 라암셋을 건축하게 하니라" _1:11

———————————— 시작하는 이야기 ————————————

출애굽기 성경은 참 재미있기도 하고, 우리 인생에 깊고도 중요한 교훈을 주고 있습니다. 마치 최신형 네비게이션과 같은 역할을 해줍니다. 사람들은 똑똑하고 잘난 것처럼 행동하지만, 자신이 어디서 와서 어디로 가는 존재인지를 모르고 어디론가 열심히 달려 가고 있습니다. 인생의 목적지를 모르고 열심히 속도를 내고 있지만, 절망의 길로 가고 있는 것입니다.

출애굽기 1장은 야곱과 그의 가족이 애굽 땅에 들어 간 숫자를 언급하면서 바로 수백 년간의 역사에 대하여는 침묵을 하고 애굽 왕 바로 치하의 이스라엘 고난을 이야기 해주고 있습니다. 오랜 세월동안 애굽 땅에서 번성하고 매우 강하게 된 이스라엘 자손들은 순식간에 노예로 전락하고 말았습니다. 오늘 말씀은 이스라엘 자손들이 어떻게 노예로 전락했으며, 노예생활이 얼마나 비참한지를, 그리고 그 가운데 택함을 받은 백성들을 향한 하나님의 섭리가 어떻게 작동하고 있는지를 가르쳐 주고 있습니다. 재미있고 유익한 성경공부 시간이 되시길 바랍니다.

● 말씀의 자리

1. 애굽에 이른 야곱의 가족이 몇 명이며, 세월이 흐르는 동안 그들은 얼마나 번성하게 되었습니까(1-7, 창 13:16, 창 15:5; 행 7:14)?

_____

_____

_____

_____

_____

_____

_____

_____

2. 창세기와 연관시켜 출애굽기의 시대적 배경을 말해보시오(6, 8, 12:40, 창 15:13).

* 새 왕(8): 애굽 제18왕조의 세 번째 왕 투트모스 1세(B.C. 1539-1514)를 가리킴.

_____

_____

_____

_____

_____

_____

_____

3. 애굽 사람이 이스라엘 자손을 인하여 근심하는 바가 무엇이며(9-10), 그 결과 그들이 이스라엘 자손에 대하여 짜낸 지혜가 무엇이었습니까(11, 13-14)?

* 국고성(11): 국가 차원의 식량이나 물품을 저장하는 곳.
* 감독(11): 전문 용어로 이스라엘 사람을 부하로 데리고 있으면서 공사를 지휘하는 애굽관리를 말함.

_____

_____

_____

_____

_____

_____

_____

4. 애굽 사람이 이스라엘 자손들을 학대하고 일을 엄하게 시키자 이스라엘 자손들은 어떻게 되었습니까(12)?

_____

_____

_____

_____

_____

_____

_____

_____

5. 애굽왕이 이스라엘의 인구 팽창을 막기 위하여 내린 긴급조치가 무엇이며, 그 결과는 어떻게 되었으며, 하나님께서 누구에게 특별한 은혜를 베푸셨습니까 (15-22)?

* 산파(15): 출산시 산모를 돕는 조산원(, midwife)
* 건장하여(19): '활력적인, 생기 있는, 정력적인'이란 뜻으로 생기 있는 건강미가 넘치는 모습.

● 삶의 자리

1. 이스라엘 자손이 1) 노예가 된 원인, 2) 노예가 된 과정, 3) 노예 상태, 4) 노예 생활의 최후 등을 말해보시오.

_____

_____

_____

_____

_____

_____

_____

2. 그리스도인들은 애굽의 노예 생활을 죄에 얽매인 생활에 비유하는데, 노예생활과 죄에 얽매인 생활을 비교해 보시오. 이러한 생활에서 벗어나려면 어떻게 해야 할까요? 그리고 학대와 어려운 노동에 시달리면서도 이스라엘 자손들이 번성하고 강해진 것은 전적인 하나님의 은혜인데, 하나님은 누구에게 왜 하나님의 은혜를 베푸실까요?

_____

_____

_____

_____

_____

_____

말씀의 자리 ^{+Plus}

사람의 신분은 언제 바뀔지 모르는 법입니다. 이스라엘 자손들은 왕의 특혜를 받는 특권층에서 한 순간에 노예로 전락하고 말았습니다. 이스라엘 자손이 왜 애굽 왕의 노예로 전락하게 되었을까요?

첫째, 역사의식이 없이 살았기 때문입니다.

이스라엘 자손들은 바로의 호의와 요셉의 보호 아래 고센 특별구에서 오랜 기간 동안 특혜를 누리며 살았습니다. 고센 지역은 애굽에서 비옥한 땅으로 살기 좋은 곳으로 널리 알려져 있었습니다. 이 지역에서 이스라엘 자손들은 아무 걱정 없이 많은 물질적 혜택을 누리며 살았고, 자손들도 번성하여 애굽 사람들이 시기하고 위협을 느낄 만큼 되었습니다. 하지만 그들은 애굽이 주는 물질적인 호의에 안주하여 역사 의식이 없이 살아온 것입니다. 역사 의식이 없을 때 타협하거나 안주하게 되어 초심을 잃어버리게 되는 것입니다. 그래서 역사의식이 없는 개인이나 공동체나 나라는 약화되고 역사 속에서 사라지게 되는 것을 봅니다.

둘째, 하나님의 특별한 계획 때문입니다.

하나님은 이스라엘 자손들에게 특별한 계획을 가지고 계셨습니다. 그렇다고 이스라엘 자손들이 노예로 전락한 것이 하나님의 계획에 의한 것이 아니라고 말하는 것은 잘못입니다. 분명히 이스라엘 자손이 노예가 된 것은 그들의 신앙적인 안일과 애굽 사람들의 시기심에 의한 것입니다. 하지만 하나님은 이러한 현실 속에서도 하나님의 특별한 계획을 이루어 가시는 분이었습니다. 하나님은 이스라엘 자손을 선택하여 하나님을 섬기는 제사장 나라로 삼으시고, 이방 모든 민족을 구원하시려는 인류 구원 계획을 가지고 계셨습니다. 하나님은 인간의 실수와 실패를 통해서도 하나님의 계획을 이루어 가시는 분입니다.

과

모세의 출생과 성장

성경본문 ┃ 출애굽기 2:1-22

요절 ┃ "그 아기가 자라매 바로의 딸에게로 데려가니 그가 그의
아들이 되니라 그가 그의 이름을 모세라 하여 이르되 이
는 내가 그를 물에서 건져내었음이라 하였더라"_2:10

──────── 시작하는 이야기 ────────

아기의 출생과 성장은 부모에게 말할 수 없는 즐거움을 줍니다. 사랑
의 열매로 얻은 우리 아기, 자신을 꼭 빼닮은 아기를 보는 순간에 흥분
하게 됩니다. 하지만, 괴로움과 고통이 될 때도 있습니다. 개인적으로
아기를 키울 수 없는 상황이거나, 사회나 국가가 아기를 키울 보장을
해주지 않을 때 고통스럽습니다. 사람들은 이런 상황에 좌절한 나머지
모든 것을 포기하고 살아갑니다. 그런데 사람들은 운명주의나 섭리주
의 인생관을 가지고 살아갑니다. 운명주의에 빠지게 될 때 운명에 순응
하며 체념하며 살아가지만, 섭리를 믿을 때 어떤 상황이나 조건이라도
포기하지 않고 운명을 섭리로 바꾸는 적극적인 인생을 살게 됩니다.

우리의 출생부터 성장과 살아가는 과정들은 하나님의 주권과 섭리
안에 있습니다. 어떻게 운명적인 인생이 섭리적인 인생으로 바뀌게 되
는지, 모세의 출생과 성장을 통해서 교훈을 얻으시길 바랍니다.

- 말씀의 자리

1. 모세의 부모는 누구이며(6:20, 민 26:59), 출생 때 상황을 말해보시오(1-4, 행 7:20, 히 11:23).
   * 한 사람(1): 모세의 아버지 아므람을 가리키며, '레위 여자'는 어머니 요게벳을 말한다(6:20).

_____

_____

_____

_____

_____

_____

_____

2. 모세가 100일도 못되어 죽게 될 운명이었는데, 어떻게 건짐을 받았으며, 그의 어린 시절이 어떠합니까(5-10, 행 7:17-22)?
   * 모세(10): '물에서 건져 냄'이란 뜻으로 이스라엘의 구원자가 됨을 암시하는 이름.

_____

_____

_____

_____

_____

_____

_____

3. 모세가 바로 왕의 낯을 피하여 망명 생활을 떠나게 된 이유가 무엇입니까(11-15, 히 11:24-26)?

* 장성한 후에(11): 모세가 중년 쯤 된 40세 가량 되었을 때를 말함.
* 미디안 땅(15): 아브라함의 그두라(창 25:1-6)의 후손 미디안의 자손들이 소유한 황무지(창 37:25) 아라비아 서북쪽에 있는 아카바만의 동해안 지역.

4. 모세가 미디안 제사장의 일곱 딸을 어떻게 만나게 되었으며, 그들에게 어떤 도움을 주었습니까(16-17)?

5. 모세가 미디안 제사장의 집에 어떻게 살게 되었으며, 누구와 결혼하였습니까
(18-21)? 특히 아들을 낳아 '게르솜'이란 이름을 짓는데서, 그의 삶이 어떠했다
고 생각됩니까(22)?

* 르우엘(18): '하나님의 친구'란 뜻으로 모세 장인의 본명이고, '이드로'(우수하다는 뜻)는 제사장직에 따른 이
  름으로 추정됨(3:1).
* 십보라(21): 모세와 결혼을 하여 두 아들 게르솜과 엘리에셀을 낳음.

● 삶의 자리

1. 모세가 민족적 비극으로 죽게 될 운명 가운데서 구출 받는 모습을 생각할 때 운명과 섭리에 대하여 어떻게 생각하십니까? 모세는 초강대국 애굽의 공주의 아들로서 궁중 교육을 40년간 받았는데, 그가 받은 교육 내용과 교육에 대한 자세가 어떠하였으며, 그 교육이 후에 어떻게 활용되었을까요?

_____

_____

_____

_____

_____

_____

_____

2. 모세의 민족의식에서 장단점이 무엇이며, 그의 광야 생활의 훈련은 어떤 훈련 이라고 생각됩니까? 우리 자신에게 필요한 훈련은 어디서 어떻게 받아야 할까 요?

_____

_____

_____

_____

_____

_____

_____

말씀의 자리 ^{+Plus}

한 사람의 출생에는 놀라운 계획이 있습니다. 모세를 봤을때, 하나님의 놀라운 섭리하심에 깊은 감동을 받습니다. 모세는 레위지파에 속한 아버지 아므람과 어머니 요게벳 사이에서 태어났는데, 태어나자마자 죽을 운명이었습니다. 애굽의 이스라엘 학살 정책이 발표되어 남자 아이는 모조리 죽여야 했습니다. 하지만 그의 부모는 왕명을 거역하고 그가 너무나 잘 생겨서 죽이지 않고 석 달을 숨겼으나 더 이상 숨길 수 없었습니다. 그래서 그의 가족들은 궁리 끝에 갈대 상자를 가져다가 아기를 담아 나일강가에 떠내려 보냈는데, 때마침 바로 왕의 공주가 목욕하러 왔다가 아기를 발견하고 건져서 키우기로 마음을 먹고 데려다가 자기 아들로 삼아 키우게 된 것입니다. 모세가 어쩔 수 없이 버려진 운명에서 건짐을 받은 것은 우연처럼 보이지만, 하나님은 대강국의 지배 하에서도 섭리하심으로 모세가 건짐을 받게 하신 것입니다. 우리는 하나님께서 행하시는 일을 다 알 수는 없지만, 하나님의 섭리는 오묘하고 정확하고 확실하게 전개된다는 것입니다.

모세는 당대 최고의 교육을 받았습니다. 그는 유아기 때 어머니의 품에서 자랐고, 그 이후 40년간 공주의 아들로서 궁중 교육을 받았으며, 그 후 40년간은 미디안 광야에서 목자 훈련을 받았습니다. 그는 자신에게 주어진 환경 속에서 최고의 교육을 받은 것입니다. 어릴 때는 타의에 의해서 교육을 받았지만, 그는 애굽의 왕자로서 궁중에서 애굽 사람의 모든 지혜를 배워 말과 일들을 능하게 되었습니다.(행 7:22) 하지만 그는 장성한 후에 자신의 민족을 돌아볼 마음이 들었을 때 아무 것도 할 수 없었습니다. 겨우 싸움을 말리다가 애굽 사람을 죽이는 일을 하고 만 것입니다. 그래서 살인자로 알려져 미디안 광야로 도망하여 양치는 이드로를 만나 그의 딸과 결혼도 하고 40년간 광야 생활을 합니다. 그의 광야 생활은 무의미한 것처럼 보이지만, 하나님은 양떼들과 함께 살면서 출애굽 이후 이스라엘 백성들의 광야 생활을 인도하는 훈련을 시키신 것입니다.

모세를 부르신 하나님

성경본문 | 출애굽기 2:23-4:17

요절 | "여호와께서 그가 보려고 돌이켜 오는 것을 보신지라 하나님이 떨기나무 가운데서 그를 불러 이르시되 모세야 모세야 하시매 그가 이르되 내가 여기 있나이다" _3:4

●────────── 시작하는 이야기 ──────────○

누군가 자신을 불러서 중요한 이야기를 해주고 큰 선물을 약속했다면 어떤 마음이 들까요? 전혀 예기치 않았는데, 엄청나게 높으신 분이 불러서 무명인으로 사는 자신에게 중요한 일을 맡겨준다면 어떤 마음이 들까요? 사람은 누구의 부름을 받고 어떻게 사느냐에 따라 인생이 달라집니다. 흔히 부르심(소명)에는 내적 부르심과 외적 부르심이 있는데, 내적 부르심은 구원에로의 부르심이고, 외적 부르심은 사명에로의 부르심입니다. 하나님의 부르심은 가장 위대한 부르심입니다. 누구나 하나님의 부르심을 받으면 위대한 삶을 살게 됩니다. 하나님의 부르심은 은혜요 놀라운 복입니다.

오늘 본문은 이스라엘 백성들이 노예가 된 상황 속에서 미디안 광야 가운데 양을 치는 모세를 떨기나무 불꽃 안에서 부르시는 내용입니다. 우리도 모세를 부르신 하나님을 만나고 이 시대에 부르심을 받은 자로서 어떻게 살아야 할 지를 깨닫는 시간이 되기를 바랍니다.

● 말씀의 자리

1. 하나님께서 이스라엘 자손을 돌아보시고 기억하신 이유가 무엇입니까(2:23-
   25, 창 15:12-21)?

   * 기억하셨더라(25): 하나님께서 세밀하게 살펴보셨다는 뜻임.

   _____

   _____

   _____

   _____

   _____

   _____

   _____

2. 하나님께서 모세를 부르실 때의 광경(3:1-4), 첫 명령(5), 하나님의 자기소개
   (6), 모세에게 주신 사명이 무엇이며(7-12), 모세의 반응은 어떠합니까(11)?

   * 호렙(1): 시나이 반도 남서쪽에 위치한 산으로 출애굽한 이스라엘 백성들이 약 1년 동안 머물면서 하나님의
     율법을 받는 산. 호렙산과 시내산이 다같이 하나님의 산으로 동일시 보이는 곳이 지만, 서로 거리가 있으며
     호렙은 시내를 정상으로 한 넓은 지역을 의미하는 것으로 보임.

   _____

   _____

   _____

   _____

   _____

   _____

3. 모세가 하나님의 이름을 묻는 이유가 무엇이며, 하나님은 어떻게 답변해주십니까(13-15)?

* 여호와(15): 여호와(YHWH, '예호와')이란 이름의 네 글자에 대한 정확한 발음과 의미는 정확하지 않음. 경건한 유대인들은 그들의 하나님의 이름을 망령되이 부르는 죄를 짓지 않기 위하여 하나님의 이름을 발음하지 않았음. 그래서 "나의 주"란 의미를 가진 "아도나이"라 부르게 됨.

_____

_____

_____

_____

_____

4. 하나님께서는 모세가 이스라엘 백성과 애굽 왕에게 나아가 할 일을 구체적으로 어떻게 지시해 주십니까(16-22)?

* 강한 손(19): 전능하신 하나님의 '강한 역사'를 나타내는 의인법적 표현.

_____

_____

_____

_____

_____

_____

5. 모세가 이스라엘 백성이 자기를 믿지 아니할 것이라고 말했을 때, 하나님께서 무슨 표적을 행하라고 하십니까(4:1-9)?

* 지팡이(2): 목자가 양을 인도하고 또한 맹수로부터 보호하는데 쓰기 위해 늘 휴대하고 다녔던 손잡이가 구부러진 막대기를 가리킴.
* 뱀(3): 상징적으로 애굽의 권력, 악의 세력을 나타냄.

6. 모세는 자기의 인간적인 약점이 무엇이라고 말하며(10, 행 7:22), 하나님께서는 이 문제에 대하여 어떤 말씀을 주십니까(11-12)? 하나님께서 모세에게 화를 내신 이유가 무엇이며, 결국 어떤 도움을 주시겠다고 하십니까(13-17)?

* 말을 잘 하지 못하는 자(10): 말재간이 통 없는 사람이라는 뜻
* 아론(14): 모세보다 3살 위의 형(7:7), 최초의 대제사장이자 모세의 대언자, 광야 40년간 모세를 돕다가 가나안 땅에 들어가지 못하고 123세에 호르산에서 죽음(민 20:22-29).

● 삶의 자리

1. 하나님은 인간들의 부르짖는 고통 소리를 들으시는 분입니다. 당신의 고통문
   제는 무엇이며, 우리 대한민국의 고통 문제가 무엇이라고 생각하십니까? 우리
   의 고통 소리가 하나님께 상달되게 하려면 어떻게 해야 한다고 생각하십니까?

_____

_____

_____

_____

_____

_____

_____

2. 하나님은 특별히 모세를 떨기나무 불꽃 가운데서 부르시고, 위대한 사명을 주
   셨습니다. 하나님께서 당신을 부르실 때 특징이 무엇이며, 당신은 언제 어떤
   사명을 받았습니까? 그리고 모세는 인간적으로 상당한 실력과 능력을 갖추었
   는데, 하나님의 부르심 앞에서 자신의 약점을 말하며 하나님의 위대한 사명을
   거절하는 모습을 보입니다. 자신의 약점 때문에 하나님의 사명을 거절하는 것
   이 합당한 이유가 될까요? 진정한 겸손이란 어떤 태도라고 생각하십니까?

_____

_____

_____

_____

_____

말씀의 자리 +Plus

하나님은 모세 한 사람을 부르셔서 출애굽의 역사를 이루셨습니다. 출애굽의 역사는 어느 누구도 상상하거나 계획할 수 없는 일이었습니다. 하나님께서 계획하시고 하나님께서 친히 이루신 역사였습니다. 하지만 하나님은 혼자 이루시지 않으시고 모세를 부르셔서 이 역사를 이룬 것입니다. 그래서 혹자는 인류 역사상 가장 어려운 일을 가장 성공적으로 이룬 사람을 모세로 평가하기도 합니다. 모세가 이토록 훌륭한 사람으로 평가를 받는 것은 모세의 인간적인 면도 훌륭한 점이 있었지만, 하나님께서 부르셔서 사용하셨기 때문입니다. 하나님은 이스라엘 백성들의 고통 소리를 들으시고 모세를 부르시고 모세에게 출애굽의 사명을 주신 것입니다. 하나님은 아브라함과 그의 후손들에게 언약 하신대로 이스라엘 자손들을 구원하시기로 작정하시고 모세를 부르신 것입니다. 모세는 처음에 하나님께서 맡겨주신 사명은 너무 크고 자신은 부족하다는 생각에 거절하였으나 기본적으로 하나님께 순종하는 자세가 되어 있는 사람이었습니다. 하나님은 모세를 통해서 출애굽의 역사를 이루셨을 뿐만 아니라 광야 40년 동안 노예 근성에 찌들린 이스라엘 백성들을 하나님의 백성으로 세우는 일에 위대하게 사용하셨습니다. 하나님의 위대하신 역사는 하나님께서 부르신 자를 통해서 이루어집니다. 하나님은 우리가 받은 모든 것을 사용하여 위대한 역사 가운데 사용하시길 원하십니다. 하나님의 부르심은 우리 삶의 모든 영역에 대한 부르심입니다.

'소명'에 대한 오스 기니스(Os Guinnes)의 정의는 이러한 점을 분명하게 밝혀줍니다. "소명(Calling)이란 하나님이 우리를 그 분께로 부르셨기에 우리의 존재 전체, 우리의 행위 전체, 우리의 소유 전체가 특별한 헌신과 역동성으로 그 분의 소환에 응답하여 그 분을 섬기는 데 투자된다는 진리이다." 오늘날에도 하나님은 사람을 부르시고 놀라운 일들을 이루시기 원하십니다. 이 시대, 이 나라와 이 민족, 세계 열방의 고통 소리를 하나님은 듣고 계십니다. 고통의 소리가 너무나 크게 들리지 않습니까? 하나님은 오늘날에도 당신의 역사를 위해서 한 사람을 찾으시며 부르십니다.

모세를 세우시는 하나님

성경본문 ┃ 출애굽기 4:18-6:30
요절 ┃ "여호와께서 모세에게 말씀하여 이르시되 나는 여호와라
내가 네게 이르는 바를 너는 애굽 왕 바로에게 다 말하
라" _6:29

─────────── 시작하는 이야기 ───────────

한 사람이 잘 세워지는 것이 매우 중요합니다. 인류 역사를 보면, 한
사람에 의해서 놀라운 일들이 수없이 많이 일어났습니다. 선한 일들이
든 나쁜 일들이든 한 사람이 문제입니다. 하나님께서도 하나님의 선한
역사를 위해서 한 사람을 부르시고 세워 가시는 분입니다. 하나님은 한
사람을 세우시기 위해서 많은 세월을 기다리시고 많은 과정을 준비하
십니다. 믿음의 조상 아브라함이 세워지는 데는 25년이란 세월이 걸렸
습니다. 우리는 하나님 앞에서 잘 세워져야 하고, 또 우리 주변에 하나
님의 사람을 세우는데 깊은 관심을 가지고 기도해야 합니다.

오늘 본문은 하나님께서 척박한 환경 속에서 모세 한 사람을 연단하
시며 세워 가시는 내용입니다. 환경과 조건이 문제가 아니라 한 사람이
어떤 자세와 믿음으로 세워지는가가 중요합니다. 사람은 환경과 조건
을 탓하지만, 하나님은 어떤 조건에서도 위대한 사람으로 세워 가십니
다. 우리를 부르시는 하나님께서 우리를 어떤 사람으로 세우실지를 기
대하면서 공부해봅시다.

● 말씀의 자리

1. 모세가 그의 장인, 그의 형 아론, 그리고 이스라엘 백성에게 나갔을 때 그들은
   모세를 어떻게 영접하였습니까(4:18-31)? 특히 도중 숙소에서 무슨 일이 일
   어났습니까(24-26, 창 17:9-14)?
   ★ 피 남편(25): '자식의 피를 흘리게 만든 사람'이라고 원망하는 말.

2. 모세가 바로 왕에게 나갔을 때 바로의 반응이 어떠했으며, 이로 인하여 이스라
   엘 백성에게 어떤 영향이 미치게 되었습니까(5:1-21)?
   ★ 절기(1): 백성 전체의 공식적인 모임과 예배의 기회가 되는 히브리인들의 축제일.
   ★ 기록원(6): 행정관, 관리 등을 뜻하나 여기서는 '작업 반장'을 의미함.
   ★ 미운 것(21): '불쾌한 냄새를 뜻하는데, 몹시 싫어하고 혐오스러워하는 대상이 되었다는 것.

3. 이스라엘 백성들이 모세와 아론을 원망하자 모세는 하나님께 무슨 하소연을 합니까(22-23)?

* 학대하며(23): 혹독한 고역과 심한 압박으로 인하여 정신과 육체가 쓸모 없게 되도록 상하게 했다는 뜻.

4. 모세의 하소연을 들으신 하나님께서는 모세와 이스라엘 백성들에게 무슨 말씀을 주셨습니까(6:1-8)? 하지만 이스라엘 백성의 반응은 어떠하며, 이에 대한 모세의 반응은 어떠합니까(9-13)?

* 가혹한 노역(9): 지칠대로 지치게 한 무서운 노역.
* 애굽왕 바로(11): 투트모스 3세의 뒤를 이은 아멘호텝 2세(B.C.1448-1424)를 가리킴.

5. 모세와 아론의 족보를 통해서 알 수 있는 바가 무엇이며(14-28), 하나님과 모
   세는 어떤 대화를 나눕니까(29, 30)?

* 집의 어른(14): '가문의 선조'(공동번역)를 가리킴.
* 엘르아살(23): '하나님이 도우셨다'는 뜻이며, 아론의 셋째 아들이고, 아론을 이어 대제사장에 임명된 인물.

● 삶의 자리

1. 하나님께서 도중에서 모세를 죽이시려고 한 이유가 무엇이며, 왜 모세는 그의 아들에게 할례를 행하시지 않았을까요? (참조. 창 17:9-14) 모세가 바로 왕에게 가서 하나님의 말씀을 전했을 때 바로가 그의 요구를 거절하고 오히려 백성들이 학대를 당하자 하나님께 불평을 쏟아냅니다. 모세에게 준비된 점은 무엇이며, 아직 덜 준비된 점은 무엇이라고 생각하십니까? 당신의 경우는 어떠합니까?

_____

_____

_____

_____

_____

2. 하나님은 모세가 바로의 거절로 당황하며 약해져 있을 때 조상들에게 약속하신 바를 상기 시켜주시며, 출애굽과 약속의 땅에 들어갈 것을 말씀해주심으로 도와주십니다. 우리가 하나님의 도우심을 받아서 힘들고 어려운 사명을 감당할 수 있는 비결이 무엇이라고 생각하십니까?

_____

_____

_____

_____

_____

말씀의 자리 +Plus

　한 사람이 세워지는 것은 중요합니다. 한 사람이 잘 세워짐으로 공동체나 나라 전체에 큰 영향을 미치며 큰 일을 이루는 것을 보게 됩니다. 하지만 한 사람을 잘 세우는 일은 쉬운 일이 아닙니다. 사람들 중에는 자신보다도 더 나은 사람이 되길 바라면서, 인재 양성에 힘쓰는 사람도 있지만, 은근히 자기보다 더 잘 되는 것을 시기하는 사람도 있습니다. 그래서 어느 곳에서나 라이벌이 형성됩니다. 건전한 라이벌은 서로의 성장에 도움이 되지만, 이기적이고 욕심이 많은 사람들은 라이벌을 죽이고 약화시키기 위해서 권모술수를 자행합니다.

　하지만 하나님께서는 모든 것을 홀로 행할 수 있는 분이시지만, 사람이 잘 세워지기를 바라시며, 어리석고 미련한 인간들을 세워서 일하시는 분입니다. 하나님께서 모세를 부르시고 세워가시고 모세를 통해서 일하시는 것을 보면, 우리 하나님이 얼마나 좋으신 분인가를 깨닫게 됩니다. 모세는 바로왕에게 가서 이스라엘의 하나님 여호와께서 말씀하셨으니 내 백성을 보내라고 하면, 그냥 순순히 보내줄줄 알았는지 모릅니다. 하지만 바로왕은 모세의 말을 거절하며, 이스라엘 백성들의 노동을 더 무겁게 함으로 그런 소리를 하지 못하도록 압박합니다. 그러자 모세는 당황스러워하며 자신을 바로에게 보내어 학대를 왜 당하게 하느냐고 하나님께 따지며 항의하기도 하였습니다. 하지만 하나님은 모세를 포기하지 않으시고 계속하여 모세와 대화를 하시면서 모세를 세워가시는 것을 볼 수 있습니다.

　하나님께서 사람을 세우시는 방식은 현장에서 부딪치게 하시면서 세워가시는 것입니다. 그리고 언약의 말씀을 깨닫고 순종하도록 도우십니다. 부족해도 하나님께 순종하는 사람이 훌륭한 사람으로 세워집니다. 우리는 하나님께서 세우시는 사람이 되어야 합니다. 하나님께서 세워주셔야, 하나님의 일에 쓰임을 받을 수 있습니다.

애굽을 심판하신 하나님

성경본문 ▎출애굽기 7:1-10:29

요절 ▎"여호와께서 모세에게 이르시되 바로에게로 들어가라 내
가 그의 마음과 그의 신하들의 마음을 완강하게 함은 나
의 표징을 그들 중에 보이기 위함이며 네게 내가 애굽에
서 행한 일들 곧 내가 그들 가운데에서 행한 표징을 네
아들과 네 자손의 귀에 전하기 위함이라 너희는 내가 여
호와인 줄을 알리라" _10:1, 2

──────────── 시작하는 이야기 ────────

이 세상은 인과응보에 의해서 이루어지는 일들이 많습니다. 선을 행
하면 선의 결과가, 악을 행하면 악의 결과가 반드시 뒤따르게 됩니다.
물론 짧은 기간을 보면, 억울하게 보이는 일도 많고 악인들의 행위가
덮어져 버리는 것처럼 보일 때도 있습니다. 하지만 하나님은 반드시 그
죄악을 찾아내십니다."너희가 만일 그같이 아니하면 여호와께 범죄함
이니 너희 죄가 반드시 너희를 찾아낼 줄 알라"(민 32:23). 하나님께서
이 세상을 다스리는 방식에는 인과응보에 의한 것과 특별한 섭리에 의
해서 다스리는 방식이 있는데, 주로 인과응보에 의한 것이 대부분입니
다. 오늘 말씀은 흥미진진한 열 가지 재앙에 관한 내용입니다. 이 재앙
을 통해서 하나님은 애굽에 대한 심판과 이스라엘에 대한 구원을 나타
내주실 뿐만 아니라 여호와 하나님이 어떤 분이신지를 분명하게 알려
주십니다. 그리고 바로의 근성과 권세를 통해서 사람의 죄성이 얼마나
집요한 것인지를 보여줍니다.

우리는 본문의 말씀을 통해서 죄악된 세상에서 어떻게 죄의 권세와
타협하지 않고 어떻게 단호하게 거절하며 살 수 있는지를 배울 수 있습
니다.

● 말씀의 자리

1. 하나님께서는 이스라엘 백성을 바로의 손에서 어떻게 구원하시겠다고 말씀하시며, 그 때에 애굽 사람들은 하나님을 어떤 분으로 알게 됩니까(7:1-7, 3:15, 16)?

* 대언자(1): 히브리어 "나비"로 대신 말을 전하는 자, 하나님의 뜻을 전하며 예언하는 선지자를 일컫기도 함.

2. 모세와 아론이 바로에게 보인 이적이 무엇이며(8, 9), 이 이적을 본 바로의 마음이 어떻게 되었습니까(7:9-13)?

* 박사(11): 점성술이나 기타 행정적 지식 및 능력을 소유한 자로서 왕의 자문에 응하던 자들.

3. 7:14-11장에서 하나님께서 애굽에 내린 10가지 재앙을 찾아보시오. 애굽의
   술객들이 모방하여 행한 이적과 재앙이 무엇이며(7:22, 8:7), 그들이 따라할
   수 없는 것은 무엇이었습니까(8:16-9:19)? 특별히 애굽의 술객들을 괴롭혔던
   재앙이 무엇이었으며(9:11), 이스라엘과 애굽을 구별하는 재앙은 어느 것입니
   까(7:24, 9:26, 10:23, 11:7)?

   * 재앙에 대한 이해: 재앙의 목적은 여호와 하나님께서 자기와 같은 신이 이 세상에 없다는 것을 애굽 사람이
     나 이스라엘 사람들에게 알리고자 한 것이며, 또한 애굽 사람에게는 우상숭배에 대한 심판을 내리신 것이
     며, 이스라엘 사람들에게는 언약적 사랑을 통해서 구원하신 것을 의미합니다.

   _____

   _____

   _____

   _____

   _____

   _____

4. 하나님께서 열 가지 재앙 심판을 통해서 애굽 사람들에게 가르치고자 하신 바
   가 무엇이었습니까(7:4-5, 9:14-16)? 왜 하나님께서는 자신의 이름이 온 천하
   에 전파되기를 바라셨을까요(신 4:32-36)?

   _____

   _____

   _____

   _____

   _____

5. 하나님께서 애굽 사람에 대한 심판과 이스라엘의 구원을 통해서 이스라엘 백성에게 가르치고자 하신 바가 무엇입니까(6:6-7, 10:1-2, 11:7)?

● 삶의 자리

1. 바로가 이스라엘 백성을 놓아주지 않는 이유가 무엇이며, 이를 통해서 사람의 본성에 대하여 알 수 있는 바가 무엇입니까? 그리고 하나님께서 바로의 마음을 완악하게 하신 점에서 하나님의 주권과 인간의 책임에 대하여 말해보시오 (9:12, 롬9:14-23).

_____

_____

_____

_____

_____

_____

2. 모세가 바로의 타협안을 완강히 거절하는 사건이 몇 번 나옵니까(8:25-26, 10:8-11)? 이것을 통하여 우리가 세상의 수많은 타협들을 어떻게 거절할 수 있을까요?

_____

_____

_____

_____

_____

_____

말씀의 자리 ^{+Plus}

　　하나님은 열 가지 재앙을 통해서 애굽을 심판하셨습니다. 당시 애굽의 심판은 전무후무한 것이었으며, 아홉 가지 재앙 후에 장자 재앙은 최후 심판이었습니다. 애굽이 하나님의 심판을 자초한 것은 하나님의 백성들인 이스라엘 백성들을 압제하고 내놓지 않은 것도 있지만, 더 본질적인 것은 그들이 하나님을 거역하며 우상 숭배를 통하여 하나님을 모독하였기 때문입니다. 이러한 애굽을 하나님께서는 오랜 세월동안 참으시며 기다리셨고, 모세와 아론을 통해서 열 번이나 경고하셨으나 그들의 마음은 완악한 상태로 굳어져 있었습니다.

　　바로와 애굽 나라에 대한 심판은 오늘날 우리들에게도 심각한 경고를 주고 있습니다. 하나님은 사랑의 하나님이시지만, 동시에 공의의 하나님이십니다. 하나님께서는 죄악된 인간들이 회개하고 구원받는 것을 기뻐하시지만, 끝끝내 회개하지 않으면 무서운 심판을 내리십니다. 또한 하나님께서는 구원을 받은 이스라엘이라 할지라도 그들이 타락하여 하나님을 떠났을 때에는 동일하게 공의의 잣대로 판단하시며 심판하시는 것을 이스라엘의 역사를 통해서 분명하게 보여주셨습니다. 우리가 하나님의 심판을 피하고 구원을 얻을 수 있는 길은 회개하고 하나님께로 돌아가는 것밖에 없습니다. 타락한 문화, 세속주의, 물질우상 주의에서 돌이켜서 하나님께로 돌아가야 합니다. 혹 당장에는 심판이 없을 것이라는 생각을 하기도 하지만, 주님은 죽은 자들을 부활시켜서까지도 심판하신다는 것을 기억해야 합니다(요5:29). 우리는 그리스도의 재림과 함께 임할 최후 심판을 기다리며 구원의 은혜에 감사하면서 하나님의 자녀로서 부끄러움이 없이 살아가야 하겠습니다.

6과

이스라엘을 구원하신 하나님

성경본문 | 출애굽기 11:1-13:16

요절 | "내가 애굽 땅을 칠 때에 그 피가 너희가 사는 집에 있어서 너희를 위하여 표적이 될지라 내가 피를 볼 때에 너희를 넘어가리니 재앙이 너희에게 내려 멸하지 아니하리라" _12:13

─────── 시작하는 이야기 ───────

구원이란 말처럼 중요한 단어가 없는데, 그리스도인들은 너무 흔히 듣다보니 그 의미를 깊이 생각하지 못하는 경향이 있고, 비그리스도인들에게는 쉽게 이해하기 어려운 단어입니다. 하지만 애굽 바로왕의 노예로 있었던 이스라엘 백성들에게는 너무나도 반갑고 실감나는 말입니다. 사실 구원이 필요 없는 사람은 없습니다. 우리 인간은 죄와 사망의 종에서 구원을 받아야 하며, 절망과 슬픔이 많은 이 세상의 무의미한 삶에서도 구원을 받아야 합니다. 우리 그리스도인들은 출애굽의 구원을 경험하는 이스라엘 백성들의 모습을 통해서 우리의 구원이 어떤 구원인지를 배우게 됩니다.

오늘 말씀은 이스라엘 백성 가운데 행하신 하나님의 놀라운 구원의 사건입니다. 역사적이고 예언적인 구원의 사건은 온 인류를 구원하시려는 하나님의 뜻이 담겨져 있습니다. 개인이나 민족이나 나라는 모두 하나님의 구원을 받아야 합니다. 그리고 이미 구원을 받은 사람들은 그 구원의 은혜 속에서 하나님을 섬기는 하나님의 백성으로 살아야 합니다. 오늘의 공부가 구원의 은혜를 새롭게 묵상하는 기회가 되시길 바랍니다.

● 말씀의 자리

1. 여호와께서 모세에게 이르신 말씀이 무엇이며, 특별히 백성들에게 구하라고 하신 것은 무엇이며, 모세는 애굽 땅에 있는 바로의 신하와 백성의 눈에 어떻게 보였습니까(11:1-3)?

_____

_____

_____

_____

_____

_____

2. 모세가 바로에게 가서 말한 여호와의 말씀은 무엇이며, 바로의 반응은 어떠하였습니까(11:4-10)?

_____

_____

_____

_____

_____

_____

_____

3. 여호와께서 모세와 아론을 통해서 이스라엘 백성들에게 말씀하신 것이 무엇
이며, 명하신 유월절 규례가 어떠합니까(12:1-12)? 특별히 애굽 땅을 칠 때에
표적이 무엇이며, 유월절을 어떻게 지키도록 말씀해 주십니까(13-14)?

* 달의 시작(2): 당시 이스라엘 백성이 사용해 온 민간력으로는 7월(태양력 3-4월)에 해당하며, 종교력으로는
'아빕월'을 가리킴. 바벨론 포로 후 이 명칭은 '니산월'로 바뀌었음(느2:1,에3:7).
* 무교병(8): 누룩이나 효소를 넣지 않고 만든 빵이며, 무교절의 음식으로 출애굽의 긴박성과 고난을 상징하
는 것.

_____

_____

_____

_____

_____

4. 여호와의 무교절 규례가 어떠하며(12:15-20), 첫 유월절을 어떻게 준비하도
록 하시며, 후손들에게 이 예식에 대하여 가르쳐야 할 것이 무엇이라고 하십니
까(12:21-28)?

* 무교절(17): 유월절(1월 14일 저녁) 다음날인 1월 15일부터 7일간 누룩없는 빵을 먹으며 지키는 절기로 출
애굽을 기념하는 유대인의 명절임.
* 우슬초(28): 향기나는 작은 박하과 식물로 정결례에 사용 되었음.

_____

_____

_____

_____

_____

5. 이스라엘 백성이 애굽에서 얼마 만에, 어디서부터, 몇 명이 나오게 되었습니까(12:29-42)? 바로가 모세와 아론에게 준 해방 선언을 말해보시오(31-32).
* 발교(34): 밀가루 반죽에 누룩이 들어가 반죽이 부풀어 오르는 것.
* 잡족(38): 애굽에서 이스라엘 백성과 함께 노역하던 여러 종족으로 이들이 출애굽의 구원에 합류한 것은 하나님이 베푸시는 구원의 보편성을 암시함.
* 사백 삼십 년(40): 야곱이 애굽에 들어간 때(B.C.1876년경)로부터 출애굽한 때(B.C.1446년경)까지의 기간을 말함.

6. 여호와께서 출애굽을 한 이스라엘 백성에게 이르신 유월절과 무교절 규례가 어떠하며(12:43-13:10), 처음 난 것에 대한 규례가 무엇입니까(13:11-16)?
* 미간(, 9): 눈썹 사이를 가리키는데, 유대인들은 문자 그대로 실천할 말씀을 미간에 달고 다녔음.
* 대속(")할지니라(13): '몸값(배상금)을 주고 되찾다, 대가를 치르고 건지다, 속전( )을 주고 구원하다'는 뜻임.

● 삶의 자리

1. 출애굽의 사건은 여호와 하나님께서 친히 이루신 구원의 사건입니다. 이스라
   엘 백성들은 어떻게 출애굽의 구원을 경험하였으며, 우리는 죄와 사망에서 어
   떻게 구원을 얻게 되었는지 나누어 보시오(참조, 로마서 3:24-25, 엡 2:8, 9).

_____

_____

_____

_____

_____

_____

_____

2. 여호와의 유월절 제사가 예수 그리스도 안에 있는 구원을 어떻게 설명해주고
   있는지를 묵상해 보시오. 특히 초태생의 죽음, 어린양의 피, 무교병, 쓴 나물 등
   은 무슨 의미가 있는지 말해보시오(참조, 벧전 1:18-19; 고전 5:6-8). 우리가
   구원의 감격을 지속적으로 누리지 못하고 무덤덤하게 살아가는 이유가 어디에
   있는지, 그 해결책은 무엇인지 나누어 보시오.

_____

_____

_____

_____

_____

말씀의 자리 ^{+Plus}

   출애굽의 사건은 애굽에 대한 심판이요, 이스라엘에 대한 구원이었습니다. 하나님은 심판의 하나님이시오, 구원의 하나님이십니다. 하나님은 공의로우신 분이시므로 죄에 대하여 반드시 심판을 하시지만, 또한 사랑이시므로 긍휼의 대상에 대하여는 구원의 은혜를 베푸십니다. 이스라엘의 구원은 하나님의 긍휼하심이지 그들의 행위나 업적에 있지 않습니다. 사실 이스라엘은 의로울만한 것이 없었습니다. 그들은 오랜 세월 동안 하나님의 이름을 잊고 살았습니다. 하나님을 섬기지도 않았고, 하나님을 위해서 한 것은 아무 것도 없었습니다. 그들은 조상들의 믿음을 잃어버린 지 오래였고, 애굽에서 명성을 얻었던 요셉의 영향력은 까마득한 옛적의 일이 되었습니다. 대신에 바로의 종살이로 고통의 세월을 보내고 있었습니다. 그들은 바로의 종이 되어서 고된 노동에 시달리며, 어떤 자유도 누릴 수 없었고 하늘에 사무치도록 신음하며 부르짖는 것이 전부였습니다. 하지만 하나님은 그들을 외면하지 않으시고 지켜 보고 계셨고, 옛적에 아브라함과 이삭과 야곱에게 언약하신 대로 그들을 구원하신 것입니다.

   하나님은 애굽에서 이스라엘을 구원 하시면서 단순히 이스라엘 민족만 구원하신 것이 아니라 장차 자신의 아들 예수 그리스도로를 통하여 인류를 구원하실 모형으로 삼으신 것입니다. 하나님의 구원은 이스라엘의 구원에만 머무르는 것이 아니라 죄의 종이 되어 있는 인류를 구원하실 것을 미리 보여주신 것입니다. 세례 요한은 메시아의 선구자로서 예수님의 다니심을 보고 "보라 세상 죄를 지고 가는 하나님의 어린 양이로다"(요 1:29)고 증거하였습니다. 하나님은 자신의 아들을 어린 양으로 삼으셔서 인류를 죄와 사망의 종에서 구원해 주신 것입니다. 하나님의 구원은 하나님의 엄청난 희생과 아들의 엄청난 십자가 고난과 피 흘림을 통해서 이루어진 것입니다. 우리는 이 구원의 감격을 소중히 간직하며 믿음으로 살아야 합니다. 하나님은 모든 사람이 구원을 받으며 진리를 아는데 이르기를 원하시는 분이십니다(딤전 2:4).

홍해를 건넌 이스라엘

성경본문 | 출애굽기 13:17-15:21

요절 | "모세가 백성에게 이르되 너희는 두려워하지 말고 가만
히 서서 여호와께서 오늘 너희를 위하여 행하시는 구원
을 보라 너희가 오늘 본 애굽 사람을 영원히 다시 보지
아니하리라 여호와께서 너희를 위하여 싸우시리니 너희
는 가만히 있을지니라" _14:13, 14

──────────── 시작하는 이야기 ────────────

　인생길을 가는 중에 뜻하지 않은 난관을 만날 때가 있습니다. 사방
팔방이 꽉 막혀서 어찌할 바 몰라서 쩔쩔 매는 상황을 맞이할 때가 있
습니다. 믿는 자에게도 마찬가지입니다. 이럴 때 자기 힘으로 극복하려
고 하다가 자포자기한 사람이 많고, 하나님의 도우심을 받아 놀랍게 극
복해 나가는 사람이 있습니다. 오늘 이스라엘 백성들이 홍해를 건넌 사
건은 하나님의 놀라운 구원을 역사적으로 보여주는 사건입니다. 하나
님의 구원은 인류의 역사 속에서, 이스라엘의 역사 속에서 약속 되어지
고 성취됨으로 분명하게 나타난 것입니다.

　오늘 본문은 하나님의 구원하심과 인도하심이 어떠하며, 그에 따른
이스라엘 백성들의 반응, 그리고 지도자 모세의 리더십이 잘 나타나 있
습니다. 하나님의 구원을 아는 그리스도인으로서 어떤 모습으로 살아
야 하는지를 공부해봅시다.

1. 하나님께서 왜 이스라엘을 가까운 길로 인도하시지 아니하시고 광야 길로 인
   도하셨으며(13:17-18), 그들이 애굽에서 나올 때 왜 요셉의 해골을 가지고 나
   왔습니까(19, 창 50:22-26)?
   * 홍해의 광야 길(18): 홍해의 수에즈 만을 따라 시내 광야 방향으로 나아가는 수르 광야 길을 말하며, 지중해
     연안의 블레셋 지역 길보다 6배 정도 먼 길.

2. 하나님께서는 막막한 이스라엘의 앞길을 어떻게 인도하셨습니까(13:20-22)?
   * 에담(20): 수르 광야 끝 지역. 애굽 동쪽 국경을 방비하기 위해 쌓은 방벽이 있는 곳.

3. 이스라엘이 장막을 친 곳의 지리적인 조건이 어떠하며, 왜 그런 곳에 장막을 치게 되었습니까(14:1-4)? 바로는 왜 이스라엘을 추격하려고 하였으며, 그의 군대와 병거가 어느 정도입니까(14:5-9)?

* 바알스본(2): 라암셋 남동쪽 약 35km 지점에 위치한 지역으로 추정됨.
* 특별 병거 육백승(7): 애굽의 병거 중에서도 특별히 선발된 6백승의 전쟁용 수레.

_____

_____

_____

_____

_____

_____

4. 바로의 군대가 추격해오는 것을 본 이스라엘 백성의 반응은 어떠하였으며, 모세는 이들에게 뭐라고 말해줍니까(14:10-14)?

* 부르짖고(10): '날카로운 소리를 지르다'는 뜻으로 비명을 지르며 통곡했다는 뜻.
* 가만히 있을지니라(14): 문자적인 뜻은 '벙어리가 될지니라'인데, 더 이상 불평하지 말고 벙어리처럼 침묵하라는 의미.

_____

_____

_____

_____

_____

5. 하나님께서 모세에게 무슨 말씀을 주셨으며, 갑자기 어떤 현상이 나타났습니까(14:15-20)? 이스라엘 백성들은 홍해를 어떻게 건넜으며, 결국 애굽의 군대는 어떻게 되었습니까(14:21-30)?

* 하나님의 사자(19, 말라크 하엘로힘): 이스라엘을 인도하고 보호하기 위해서 하나님이 보내주신 하나님의 대리자.
*어지럽게 하시며(24): '동요하다, 초조하다'는 뜻으로 하나님이 애굽 군대를 초조하게 하여 그 조직을 혼란스럽게 만드셨다는 의미.

6. 이 사건을 체험한 이스라엘의 반응은 어떠하며(14:31), 모세와 이스라엘의 자손, 미리암이 부른 노래는 무엇입니까(15:1-21)? 노래에 표현된 내용을 분석해 보시오.

*주의 콧김(8): 문자적으로는 '주의 분노의 바람에'란 뜻인데, 홍해를 갈라놓은 동풍을 의미.
*거룩한 처소(13): 하나님이 구별하여 놓으신 약속의 땅 가나안을 가리킴.
*낙담하나이다(15): 마음이 녹아내렸다는 의미.

● 삶의 자리

1. 하나님께서 이스라엘 백성들을 구원하시고 인도해 주신 것처럼, 우리의 구원자
   이시며 인도자가 되십니다. 당신에게 베푸신 구원과 인도하심을 말해보시오.

_____

_____

_____

_____

_____

_____

_____

2. 바로의 군대가 추격해오자 출애굽의 감격을 상실해 버리고 원망을 쏟아내는
   이스라엘 백성을 볼 때 인간의 약점이 무엇이라고 생각되며, 이러한 사람들에
   게 무엇이라고 말해주고 싶습니까? 바로의 군대를 홍해에 수장시키시고 이스
   라엘 백성에게 홍해를 건너게 하신 하나님은 어떤 분이시며, 우리에게 요구되
   는 믿음은 어떤 믿음입니까?

_____

_____

_____

_____

_____

_____

말씀의 자리 +Plus

하나님의 구원은 신기하고 놀라운 구원입니다. 사람의 이해나 이성을 초월하며 기막힌 방법으로 구원하십니다. 바로의 손아귀에서 벗어난 모세와 이스라엘 백성들은 바닷가에 장막을 치고 있는데, 바로의 군대가 총동원 되어 추격해오는 상황은 맞이하게 되었습니다. 한마디로 말해서 독 안에 든 쥐와 같게 된 것입니다. 바로의 군대가 점점 더 가까이 오자 이스라엘 자손들은 심히 두려워하며 하나님께 부르짖으면서도 모세를 향하여 원망을 쏟아냅니다. 그들의 불만은 최고조에 달하여 "애굽에 매장지 없어서 이 광야에서 죽게 하려고 데리고 나왔느냐? 차라리 애굽 사람을 섬기는 것이 죽는 것보다 낫지 아니하냐?" 하면서 울부짖었습니다. 이 때 모세는 하나님의 메시지를 듣고 백성들을 안심시키면서 '여호와께서 오늘 너희를 위하여 행하시는 구원을 보라'고 말해줍니다.

하나님은 모세를 통해서 홍해에 마른 땅을 내시고 장정만 60만 명이 되는 이스라엘 백성들을 안전하게 건너게 하셨고, 추격해 오는 바로의 군대를 다 홍해에 수장시켜 버리셨습니다. 우리는 홍해 앞에 선 이스라엘 자손의 모습과 홍해를 건너게 하시는 하나님을 통해서 중요한 교훈을 얻게 됩니다. 우리가 놀라운 구원을 얻었어도 현실의 위기나 어려움에 직면하면 금방 구원의 은혜를 생각하지 않고 불평하고 원망하면서 믿음 없는 모습을 보일 수 있다는 것입니다. 우리는 비록 상황이 급박하고 위기 앞에 놓였다 하더라도 하나님의 구원을 확신하며 하나님의 도우심을 구함으로 위기를 극복해야 합니다. 그럴 때 우리는 구원의 은혜를 누릴 수 있게 되는 것입니다. 하나님의 구원은 한 번으로 완성되거나 끝나는 것이 아닙니다. 우리는 모든 상황 속에서 하나님의 구원을 맛보아야 합니다. 이제는 마지막 같은 막다른 골목에 서 있는 상황에 있는 것처럼 보여도 하나님은 얼마든지 구원의 문을 여실 수 있는 분이라는 것을 믿어야 하겠습니다. 삶의 위기가 닥쳤을 때에 영화 〈사운드 오브 뮤직〉의 마지막 대사인 서양속담에 "하나님은 한쪽 문을 닫으시면 다른 쪽 문을 여신다"것을 기억하며 희망을 가지시길 바랍니다.

광야 길로 인도하신 하나님

성경본문 | 출애굽기 15:22-17:16

요절 | "모세가 홍해에서 이스라엘을 인도하매 그들이 나와서 수르 광야로 들어가서 거기서 사흘 길을 걸었으나 물을 얻지 못하고" _15:22

─────── 시작하는 이야기 ───────

　운전을 하다보면, 네비게이션이 얼마나 고마운지 감탄할 때가 있습니다. 네비게이션은 처음 길도 아주 정확하게 안내해 주어서 차량의 필수품이 되었습니다. 알고 가는 길, 모르고 가는 길은 분명한 차이가 있습니다. 가는 길을 분명히 알고 있을 때 그 길은 어렵지 않지만, 전혀 알지 못한 길을 간다는 것은 위험하기도 하기도 잘못 갈 수도 있는 것입니다. 길에는 생명의 길이 있고, 멸망의 길이 있습니다. 쉽고 넓은 길이어도 멸망의 길이 있고, 어렵고 협착해도 생명의 길이 있습니다.

　오늘 본문은 길을 가는 과정 속에서 겪는 이스라엘 백성들의 어려움과 그들의 태도, 그 과정 속에서 그들을 인도하시고 훈련하시고 도우시는 하나님을 만나게 됩니다. 어렵고 힘든 인생을 간다 해도 하나님께서 인도하시는 길을 가면 후회함이 없습니다. 하나님께서 인도하시는 길을 가는 법을 배우는 복된 시간이 되시길 바랍니다.

● 말씀의 자리

1. 수르 광야에서 부딪친 문제가 무엇이었으며, 하나님께서는 이 문제를 어떻게
   해결해주셨습니까(15:22-25)? 하나님께서 마라에서 이스라엘을 위하여 정하
   신 법도와 율례가 무엇이며, 어떤 약속과 어떤 자기 선언을 하십니까(25-26)?

   * 마라(23): '쓴, 괴로운, 고통'이란 뜻으로 시나이 반도에 있는 쓰고 짠 물이 나는 샘의 이름.
   * 원망하여(24): '완고하여 패역하다, 중얼거리며 불평하다'의 뜻.

_____

_____

_____

_____

_____

_____

2. 엘림은 어떤 곳이며, 거기서 어떤 일이 있었나요(15:27)?

   * 엘림(27): 마라에서 남쪽으로 약 11km 지점에 위치함.

_____

_____

_____

_____

_____

_____

_____

_____

_____

3. 이스라엘 자손들이 신 광야에 이르러 부딪친 문제가 무엇이었으며, 어떤 반응을 보였습니까(16:1-3)? 왜 이런 반응을 보였을까요?

* 신 광야(1): 이스라엘 백성들이 애굽에서 나와 시내산까지 가던 도중에 있는 남쪽 지역을 가리킴.

_____

_____

_____

_____

_____

_____

4. 하나님께서는 이스라엘 자손의 양식 문제를 어떻게 해결해 주셨으며, 이들이 양식을 먹는데 지켜야 할 규례가 무엇이었으며, 그들은 여호와의 규례를 어떻게 지켰습니까(16:4-30)?

* 일용할 것(4): '날마다 먹거나 사용할 것'이란 뜻.
* 메추라기(13): 짧은 날개와 작고 둥근 머리, 그리고 통통한 몸집을 가진 꿩 과의 철새.
* 오멜(16): 조그만 토기 사발로 곡식의 양을 측정하는 그릇으로 약 2.3리터.

_____

_____

_____

_____

_____

5. 만나의 맛이 어떠하였으며(31), 이스라엘 자손들은 얼마나 오랫동안 만나를 먹었습니까? (35-36, 수 5:12), 특별히 아론에게 지시한 내용이 무엇이었습니까(33)?

* 만나(31): '무엇'이라는 뜻의 의문대명사에서 유래, 달콤하고 맛있는 과자, 하늘양식.
* 증거판(34): 하나님의 말씀을 기록한 서판, 율법책을 가리킴.

6. 이스라엘 백성들이 르비딤에서 왜 모세와 어느 정도로 다투었으며, 하나님께서는 이 문제를 어떻게 해결해 주셨습니까(7:1-7)? 이스라엘은 아말렉과의 전쟁에서 어떻게 승리하게 되었으며, "여호와 닛시"란 무슨 뜻입니까(8-16)?

* 아말렉 족속: 에서의 손자인 아말렉의 후손들(창36:12).
* 여호와 닛시: '여호와는 나의 깃발', '여호와는 정복자'(요세푸스), '여호와는 나의 피난처'(70인역).

● 삶의 자리

1. 이스라엘 자손이 마라에서와 엘림에서 겪은 일들을 생각할 때 그들의 문제점
   이 무엇이라고 생각하십니까? 당신의 삶의 여정 속에서 쓴물과 단물을 마셔본
   적은 언제였으며, 어떻게 반응하며 해결하였습니까?

_____

_____

_____

_____

_____

_____

2. 당신은 시급한 현실문제 앞에서 어떤 반응을 보이며, 특히 공동체나 교회 지도
   자들에게 어떤 태도를 보입니까? 하나님께서 먹는 문제를 통해서 특별 훈련을
   시키신 목적을 생각할 때 당신이 평생토록 받아야 할 훈련이 무엇이라고 생각
   합니까(신8:2, 3)? 당신의 중보기도 생활은 어떠한 지 나누어 볼까요?

_____

_____

_____

_____

_____

_____

말씀의 자리 ^{+Plus}

역사상 모세는 가장 어려운 일을 가장 성공적으로 이룬 사람으로 평가를 받습니다. 모세가 이런 평가를 받게된 것은 그가 하나님의 손에 들려졌기 때문입니다. 그는 바로의 군대의 추격을 홍해에서 따돌리고 이스라엘을 인도하여 광야길로 들어가게 하였습니다. 이스라엘 백성들은 광야길에서 여러 가지 어려움이 있었지만, 하나님의 놀라운 은혜를 경험하였습니다. 마라에서는 쓴물이 단물이 되는 것을 경험하였고, 신 광야에서는 굶어 죽을 지경이었는데 만나와 메추라기를 얻게 되었고, 르비딤에서는 마실 물이 없어서 심한 다툼이 있었는데, 반석에서 샘물이 나게 하여 먹게 되었고, 또 르비딤에서 아말렉과의 전쟁이 있었는데 모세와 아론과 훌과 여호수아의 친밀한 동역으로 승리를 하게 되었습니다.

이와 같이 이스라엘의 광야길에는 도처에 어려움들이 있었습니다. 평탄하고 쉬운 길만 있었던 것이 아니었습니다. 쓴물도 경험하였고 먹을 것이 없어서 고통스러울 때도 있었고, 목마를 때도 있었고, 대적들이 길을 가로막고 있기도 하였습니다. 그들은 그럴 때에 믿음이 없어서 불평하고 원망하며 지도자에게 대항하기도 하였습니다. 하지만 하나님은 고비 고비마다 그들을 잊지 않고 도와 주셨습니다. 왜 하나님은 이스라엘을 광야길로 인도하셨을까요? 그 이유는 하나님을 더욱 의지하게 함이며, 거룩한 하나님의 백성으로서 연단하기 위함입니다. 오늘날 우리 그리스도인들이 이런 이유를 미리 알게 되면, 광야와 같은 인생길을 가면서 실족하지 않고 끝까지 승리하며 갈 수 있을 것입니다. 하나님은 우리를 인도해 주시기를 원하십니다. 그런데 하나님과 함께 하지 않으면 넘어지고 쓰러져 일어날 수도 없습니다. 하나님을 신뢰하며 더욱 믿음으로 인생길을 가는 성도님들이 되시길 바랍니다. "사람이 마음으로 자기의 길을 계획할지라도 그의 걸음을 인도하시는 이는 여호와시니라"(잠언 16:9)

9
과

이드로의 충고를 받은 모세

성경본문 | 출애굽기 18:1-27

요절 | "모세의 장인이 그에게 이르되 네가 하는 것이 옳지 못하도다 너와 또 너와 함께 한 이 백성이 필경 기력이 쇠하리니 이 일이 네게 너무 중함이라 네가 혼자 할 수 없으리라" _18:17, 18

─────────● 시작하는 이야기 ●─────────

사람은 서로 충고를 받아들일 수 있는 자세를 가져야 합니다. 자신이 생각하지 못하고 보지 못한 것을 알려 주어서 훨씬 더 효과적으로 어떤 일들을 할 수 있는 기회가 열리는 경우가 많기 때문입니다. 리더의 자리에 있는 사람들은 대체적으로 다른 사람의 충고를 간과하기 쉽습니다. 아무리 좋은 충고라도 자존심 때문에 충고를 무시하고 자기 판단에 따라 행동하는 리더들이 많습니다.

오늘 말씀은 모세가 장인 이드로와 아내와 아들들을 만나고 이드로의 충고를 받아서 그의 리더십에 큰 변화가 이루어지는 내용입니다. 좋은 충고를 해주는 사람이 드물고, 또 충고를 잘 받아들이지 않는 세대 가운데서 어떤 사람으로 성숙해야 하는지를 생각하면서 의미 있고 뜻깊은 성경 공부가 되시길 바랍니다.

● 말씀의 자리

1. 이드로는 누구이며, 이드로는 모세에게 무엇을 듣게 되었습니까(1)?

  * 이드로: '뛰어남'이란 뜻. 모세의 장인이며, 르우엘은 본명이고, 이드로는 족장 신분을 밝혀주는 공적 명칭으로 본다.

2. 이드로가 데리고 온 사람들은 누구였으며, 두 아들의 이름에 담긴 뜻이 무엇입니까(2-4)? 모세의 장인 이드로가 모세를 만난 장소는 어디이며, 상봉하는 모습이 어떠한 것 같습니까(5-7)?

  * 하나님의 산: 지난 날 모세가 가시 떨기 사이의 하나님을 뵈었던 바로 그 호렙산을 말한다.

3. 모세가 장인 이드로에게 전한 소식은 무엇이며, 이드로의 반응은 어떠합니까 (8-12)? 특히 이드로의 신앙적인 태도가 어떠합니까?

* 9절: 이드로가 모세의 간증을 듣고 이방 신앙에서 돌이켜 하나님을 믿게 되었다는 의미. 카일(Keil)은 이드로를 '이방인 중 살아계신 하나님을 찾은 개종자'라고 하였음.

_____

_____

_____

_____

_____

_____

4. 모세가 백성을 재판하는 모습은 어떠하였으며, 이러한 모습을 본 장인 이드로 가 지적해준 모세의 문제점은 무엇입니까(13-18)?

* 네가 하는 것이 옳지 못하도다(17): 모세의 행위가 윤리적으로 악하는 것이 아니라, 비능률적이라는 것을 지적한 것임.

_____

_____

_____

_____

_____

_____

5. 이드로가 모세에게 가르쳐준 방침과 이 방침의 효율성이 무엇이며, 모세는 장
   인의 충고를 어떻게 받아들이고 시행합니까(19-26)?
   * 능력 있는 사람(21): 인격적, 사회적으로나 실력면에서 인정받을 만한 사람.
   * 천부장, 백부장, 오십부장, 십부장(21): 가장 적절한 행정 조직일 뿐만 아니라 대대-중대-소대-분대로 구성
     되는 군사 조직이기도 함.

6. 왜 모세는 좋은 충고를 해준 장인 이드로와 함께 광야 생활을 하지 않고 자기
   땅으로 보냈을까요(27)?
   * 자기 땅(27): "미디안"(18:1)을 가리킴. 이드로는 일단 고향으로 돌아갔으나 그의 자손은 가나안에 들어가
     같이 거주하였으며, 그들은 겐사람(삿 1:16), 레갑 족속(대상 2:55)으로 불렸음.

● 삶의 자리

1. 당신은 가족들에게 하나님의 은혜를 어떻게 나누고 있으며, 좀 어색한 경우는 없었는지, 어색함을 극복하고 하나님의 은혜를 나누는 영적 교제가 이루어지기 위해서 어떤 노력을 하고 싶습니까?

_____

_____

_____

_____

_____

_____

_____

2. 모세는 아침부터 저녁까지 백성을 재판하느라 정신이 없었습니다. 이러한 모세의 하루를 지켜본 장인 이드로가 진단한 모세 리더십의 문제와 충고를 생각해 볼 때 당신이 가정이나 공동체, 교회에서 리더십의 문제점과 받아야 할 충고는 무엇이라고 봅니까? 어떻게 하면 다른 사람의 충고를 잘 받아 들이는 사람이 될 수 있을까요?

_____

_____

_____

_____

_____

_____

말씀의 자리 +Plus

모세는 장인 이드로의 충고를 받아들이므로 큰 도움을 받았습니다. 사실 모세는 하나님의 놀라운 능력을 경험 하였고, 하나님의 인도하심을 끊임없이 받아온 사람이어서 하나님의 지혜가 충만한 사람이었습니다. 하지만 그는 합리적이고 지혜로운 충고를 받아들일 줄 아는 사람이었습니다. 그는 이스라엘 백성들을 광야길로 인도하면서 여러 가지 문제로 백성들을 재판해 주는 자리에 앉아야 할 때가 많았습니다. 최고 지도자로서 할 일이 많았지만, 백성들의 재판 문제를 외면할 수가 없었습니다. 그래서 어떤 때에는 온 종일 재판 문제에 매달려 있어야 했습니다. 이러한 모습을 지켜본 장인 이드로는 계속 이렇게 했다가는 모세가 기력이 쇠하여 쓰러질 것 같음을 알고 백성 위에 천부장과 백부장과 오십 부장과 십부장을 세워서 큰일은 일의 경중에 따라서 처리할 것을 충고해 준 것입니다. 모세는 장인의 충고를 그대로 받아들이므로 큰 도움을 받게 되었습니다.

이와 같이 좋은 충고는 어렵고 복잡한 문제를 해결하는데 실마리를 제공해 줍니다. 리더로서 많은 것을 책임지다보면 비효율적으로 일을 할 때가 있습니다. 꼭 자기가 하지 않아도 될 일도 자기가 해야 한다는 압박감을 가지는 리더들도 많습니다. 하지만 합리적인 리더라면 경우에 합당한 충고에 대하여 열린 마음을 가져야 합니다. 충고라는 것이 자존심의 문제이기에 쉽게 받아들이기가 어려울 때도 있습니다. 아무리 좋은 충고라도 무조건 충고를 받아들일 수 없겠지만, 자신이 미처 생각하지 못했던 좋은 충고에 대해서는 받아 들이는 사람이 좋은 리더입니다. 교회나 공동체나 리더십이 건강해야 합니다. 주변에 좋은 중간리더들도 잘 세워져야 하겠고, 좋은 충고도 할 줄 아는 분들도 있어야 합니다. "한 마디 말로 총명한 자에게 충고하는 것이 매 백 대로 미련한 자를 때리는 것보다 더욱 깊이 박히느니라"(잠언17:10).

시내산 언약을 세우신 하나님

성경본문 | 출애굽기 19:1-25

요절 | "세계가 다 내게 속하였나니 너희가 내 말을 잘 듣고 내 언약을 지키면 너희는 모든 민족 중에서 내 소유가 되겠고 너희가 내게 대하여 제사장 나라가 되며 거룩한 백성이 되리라 너는 이 말을 이스라엘 자손에게 전할지니라" _19:5, 6

―――――― 시작하는 이야기 ――――――

인격을 가진 존재만이 약속을 할 수 있습니다. 그렇지만 사람들은 약속을 쉽게 잊어버리며, 약속을 고의적으로 지키지 않은 경우도 많습니다. 언약은 성경의 핵심 사상입니다. 살아계신 하나님은 한 개인 아브라함과 언약하셨고, 한 민족 이스라엘과 언약을 세우시고, 그 언약의 내용을 신실히 이루어 오셨습니다. 우리는 하나님께서 언약하신 내용을 잘 알아야 하고 그 언약에 근거하여 믿음의 삶을 살아야 합니다.

오늘 본문은 하나님께서 시내 산에서 이스라엘 자손과 언약을 세우시며, 강림하신 내용입니다. 우리는 선택된 백성이요, 새 언약의 백성이 되었는데, 하나님께서 주신 언약이 무엇이며, 하나님의 임재 앞에 어떻게 나가야 하는 지를 잘 배워서 신실한 언약의 백성으로 살아가야 하겠습니다.

● 말씀의 자리

1. 이스라엘 자손이 출애굽 몇 개월 만에 장막을 쳤으며, 그 곳은 어디입니까 (1,2)?

* 시내 광야에 이르기까지(1): 출애굽 후 숙곳(12:37)→에담(13:20)→엘림(15:27)→신 광야(16:2)→르비딤 (17:2,3)→시내 광야

_____

_____

_____

_____

_____

_____

2. 모세가 하나님 앞에 나갔을 때 하나님께서는 이스라엘 자손들에게 언약의 말씀을 해 주셨습니다. 이 말씀 가운데서 언약의 기초, 언약의 조건, 언약의 내용을 찾아 봅시다(4-6).

* 독수리 날개로 너희를 업어(4): 선택한 이스라엘 백성을 보호하며, 인도하시는 크신 사랑과 능력을 문학적으로 표현한 말.
* 제사장 나라(6): 하나님과 이방 나라 사이의 중재(제사장) 역할을 하는 나라.

_____

_____

_____

_____

_____

3. 모세가 내려와서 백성의 장로들에게 하나님의 말씀을 전하자 백성들의 반응
   은 어떠했습니까(7, 8)?

_____

_____

_____

_____

_____

_____

_____

4. 모세가 백성들의 말을 하나님께 전하자 하나님은 빽빽한 구름 가운데서 모세
   와 말씀을 해주셨습니다. 왜 그렇게 하셨을까요(9)?

* 빽빽한 구름(16): 짙은 구름. 하나님은 자신의 눈부신 모습을 짙은 구름으로 가리워야 하셨음.

_____

_____

_____

_____

_____

_____

5. 하나님은 모세에게 자신의 강림을 위해서 어떤 준비를 시키셨으며, 왜 이런 준비를 하도록 하셨을까요(10-15)?

* 여인을 가까이 하지 말라(15): 여자와 성적 관계를 맺지 말고 정결하게 하라는 뜻.

6. 여호와께서 시내 산에 강림하실 때 시내 산에 어떠한 현상이 일어났으며(16-19), 왜 모세를 다시 내려 보내셨습니까(20-25)?

* 강림하심이라(18): '높은 곳에서 낮은 곳으로 내려오다'는 뜻으로 하나님이 먼저 인간을 찾아 낮은 곳으로 오심.
* 내가 그들을 칠까 하노라(21, 24): 거룩하신 하나님께서 인간의 불의한 죄악에 즉각적인 진노를 쏟아 부으실 수 있다는 것임.

● 삶의 자리

1. 구약의 이스라엘이 언약의 백성으로서 감당해야 할 사명은 제사장 나라가 되고 거룩한 백성이 되는 것이었고, 오늘날 우리 그리스도인들은 왕 같은 제사장들이요 거룩한 나라로 부름을 받았습니다. 당신은 어떻게 이 사명을 감당하고 있습니까(벧전 2:9-10)?

_____

_____

_____

_____

_____

_____

2. 하나님은 이스라엘 자손들이 자신의 강림(임재)을 맞이하기 위해 성결하도록 준비시키셨는데, 우리가 하나님을 만나고 하나님의 임재를 경험하려면 어떤 준비가 필요하다고 생각하십니까? 당신이 힘써야 할 외적 성결과 내적 성결은 무엇입니까?

_____

_____

_____

_____

_____

_____

말씀의 자리 ^{+Plus}

출애굽기를 크게 양분한다면, 시내산 언약을 전후로 구분할 수 있습니다. 1-18장은 출애굽 기사와 광야 생활 전반기이고, 19-40장은 시내산 언약과 율법 수여와 제사 규례에 관한 기록입니다. 특히 19장은 출애굽기의 핵심일 뿐만 아니라 이스라엘 역사에 있어서 획기적인 사건이며, 천지 창조 후 하나님의 영광이 가장 분명하게 보여주는 웅장한 계시의 장면을 기록하고 있습니다. 시내산 언약 체결의 당사자는 이스라엘 백성과 그들을 애굽에서 이끌어낸 여호와 하나님이었습니다. 모세는 이 언약의 중보자 역할을 한 것입니다. 이 언약의 특징은 상호 동등한 입장에서 맺는 쌍방 계약이 아니라 어디까지나 하나님께서 주체가 되시고 이스라엘 백성은 하나님의 율례에 대하여 순종의 여부를 결정하는 종주권적(宗主權的) 형태를 띤 계약이었습니다. 하나님은 이스라엘을 자신의 소유로 삼으시고 제사장 나라가 되며 거룩한 백성이 되도록 언약을 체결해 주신 것입니다.

이러한 시내산 언약의 배경은 오늘날 우리 그리스도인들에게 중요한 교훈을 주고 있습니다. 하나님은 인간과의 언약에서 주도권을 가지셨는데, 이것은 하나님께서 친히 언약을 지키시며 그의 백성들을 구원하신다는 것을 나타내 줍니다. 물론 언약의 백성으로서 믿음을 저버리고 하나님을 떠날 때에는 당연히 버림을 받습니다. 또한 하나님은 영원한 언약의 중보자 되신 예수 그리스도를 통해서 구원하신 백성들과 새 언약을 맺어 주셨습니다. 새 언약은 최후 만찬석에서 말씀 하셨는데, 죄사함을 얻게 하려고 많은 사람을 위하여 흘리신 예수님의 피로 하신 것입니다(마 26:28). 우리 그리스도인들은 예수님의 피로서 새언약의 백성이 되었습니다. 언약 백성으로서 특권을 가졌을 뿐만 아니라 왕 같은 제사장으로서 하나님을 섬기며, 이방인들에게 복음을 전할 책임을 감당하는 그리스도인이 되어야 하겠습니다.

십계명을 주신 하나님

성경본문 ▎출애굽기 20:1-26

요절 ▎ "너는 나 외에는 다른 신들을 네게 두지 말라"_20:3

──────── 시작하는 이야기 ────────

　　하나님은 이스라엘 백성들을 애굽 땅, 종 되었던 집에서 인도하여 내시고 십계명을 특별히 주셨습니다. 하나님은 이스라엘 백성들을 하나님의 백성으로 삼으시고 하나님의 백성으로 수준 높은 삶을 살도록 십계명과 율례를 주신 것입니다. 십계명은 국가의 헌법과 같은 기본법이며, 율법은 십계명을 기초로 하여 만든 구체적인 시행법입니다. 크게 하나님을 사랑함과 이웃 사랑을 가르쳐 주는 이 계명은 전반부는 하나님을 향한 삶의 태도를, 후반부는 이웃과의 관계에서 삶의 태도를 가르쳐 줍니다. 십계명은 단순히 구약의 백성들에게 적용되었다가 사라진 계명이 아니라 신약의 백성들에게도 그 계명의 본질과 정신이 여전히 해당되는 것입니다.

　　오늘날 하나님과의 관계나 이웃과의 관계를 바로 하지 못한 잘못된 삶의 태도가 많습니다. 신앙은 좋다고 하면서 이웃과의 관계에서 잘못을 저지르는 경우, 이웃과의 관계는 좋으면서 하나님과의 관계는 소홀히 하는 분들이 적지 않습니다. 오늘 십계명 공부가 하나님 사랑과 이웃 사랑을 새롭게 하는 시간이 되시길 바랍니다.

● 말씀의 자리

1. 하나님께서 십계명을 말씀하시기 전에 특별히 강조하신 말씀이 무엇이며, 왜
   이 말씀을 강조하셨을까요(1, 2)?

   * 종 되었던 집(2): '노예로서 고역하던 감옥'을 의미하며, 출애굽 전까지 노예 민족으로 생활하던 이스라엘에
     게는 애굽은 거대한 감옥과 같았음.

   _____

   _____

   _____

   _____

   _____

   _____

2. 제1계명부터 제4계명까지 나열해 보고, 더 추가적으로 부연한 말씀을 정리해
   보세요(3-11). 특별히 하나님께서 직접 하신 자기소개에서 알 수 있는 바가 무
   엇입니까?

   * 질투하는(5): '부러워하다, 열심을 내다'는 뜻으로 자기 백성에 대한 뜨거운 관심과 열정과 안타까움과 분노
     를 함축하는 나타내는 표현임.
   * 아무 일도 하지 말라(10): 세속적인 일을 쉬라는 말이지 기본적인 일을 금한 것은 아님. 전통적인 유대인들
     은 마카비 시대에 적의 공격을 받아도 기본적인 방어도 하지 않아서 몰살 당한 적이 있음.

   _____

   _____

   _____

   _____

   _____

   _____

3. 제5계명부터 제10계명까지 나열해보고, 암송해보세요(12-17). 특별히 부여한 계명은 무엇이며, 왜 그렇게 하셨을까요?

* 공경하라(12): '존경하다, 영광되게 하다'는 뜻으로 여호와를 경외하는 것을 가리킬 때도 사용되는 말로 하나님을 경외하듯 부모를 섬겨야 한다는 의미.

_____

_____

_____

_____

_____

_____

4. 십계명을 받은 백성들이 모세에게 무엇을 부탁했으며, 왜 그런 부탁을 한 것입니까(18-21)? 이 사건이 하나님과 인간 사이에 어떤 문제를 나타내 주는 것입니까(사 59:1-2, 엡 2:14)?

* 우레와 번개와 나팔 소리와 산의 연기(18): 자연 현상으로서의 우레가 아닌 하나님의 강림으로 인한 특별한 우레이며, '하나님의 엄숙성'과 '율법의 냉철함'을 나타내며, 하나님의 임재와 영광이 충만히 임하였음을 나타내줌.

_____

_____

_____

_____

_____

_____

_____

5. 하나님께서 이스라엘 자손들에게 재차 강조하신 계명이 무엇이며, 왜 그렇게
   하셨을까요(22-26)?

* 흑암(21): 시야를 가리는 어둡고 두터운 구름을 가리킴.
* 나를 비겨서(23): 하나님의 모습을 상상해서 각종 우상을 만드는 것.
* 다듬은 돌로 쌓지 말라(25): 인위적 요소를 배격하고, 또한 예배하는 자가 어떠한 외형적 요소에 집착해 하
  나님께만 집중해야 할 본질적 예배 요소를 저버리는 것을 방지하기 위함.

● 삶의 자리

1. 십계명은 국가의 기본법과 같은 하나님의 백성들의 기본법입니다. 1-4계명은 하나님과의 관계에 관한 계명이며, 무엇보다도 먼저 하나님을 사랑하라는 말씀입니다. 당신이 하나님을 더욱 사랑하기 위해서 힘써야 할 것은 무엇입니까?

_____

_____

_____

_____

_____

_____

_____

2. 제 7계명에 대한 예수님과 그 당시 사람들의 가르침이 어떠하였으며(마 5:27-30), 오늘날 간음의 문제(이혼, 음란 문화, 동성애 등)에 대한 특별한 대책이 무엇이라고 생각하십니까? 당신은 율법의 목적과 기능, 그리고 한계를 알고 있습니까? 그리고 하나님 사랑과 이웃 사랑을 어떻게 구체적으로 실천하고 싶습니까?

_____

_____

_____

_____

_____

_____

말씀의 자리 +Plus

　하나님은 언약 백성들을 사랑하셔서 십계명을 주셨습니다. 이 계명은 이스라엘에게 강압적으로 법을 제시하신 것으로서 그들과 특별한 관계에서 주신 것입니다. 하나님은 이스라엘을 애굽 땅, 종 되었던 집에서 인도하여 내신 분으로서 그들을 아끼고 사랑하셔서 십계명을 주신 것입니다. 십계명은 언약 백성의 최고 법전이며, 단순한 행동 규범이나 도덕적 차원을 초월하여 인간의 삶 전체를 망라하는 하나님의 절대 명령이며, 각종 율례들의(출 20:18-23:33) 근간이 되는 것입니다. 그래서 이 계명은 아주 중요한 역할을 하였는데, 이 계명들을 지키느냐 그렇지 않느냐에 따라 이스라엘이 선민이 되느냐 아니면 멸망할 존재가 되느냐 하는 긴장과 준엄한 생사의 갈림길이 되기도 하였던 것입니다.

　십계명은 크게 두 부분으로 구분되는데, 제 1계명부터 제 4계명은 하나님과의 관계에서 지켜야 할 계명이고, 제 5계명부터 제 10계명은 인간 상호간에 지켜야 할 계명으로 이웃 사랑에 대한 말씀입니다. 즉 하나님과 이웃에 대한 의무를 명령하는 것입니다. 그리고 신약에서 예수님은 십계명에 대한 재해석(마 5:21-37)과 가장 큰 계명에 대한 해석도 명쾌하게 해 주셨는데, 모든 계명은 하나님과 이웃 사랑으로 축약된다(마 22:34-40)고 하셨습니다. 십계명을 비롯한 율법의 3중 목적은 모든 사람들에게 하나님의 절대적 주권과 거룩성 및 그 분의 뜻을 알게 하는 동시에, 인간의 무능함과 부패를 자각시켜(롬 3:20) 스스로 자신을 구원할 수 없으며 오직 예수 그리스도만이 참 구원자이심을 깨닫게 하는 것이며(갈 3:21,22), 모든 불신자들을 율법의 저주 아래 두어(갈 3:10) 심판 때에 핑계치 못하게 함이며, 성도들의 삶에 나침반 역할을 하는 목적이 있는 것입니다. 그러므로 오늘날 우리 그리스도인들은 새 언약의 백성으로서 십계명과 율법의 가르침을 존중해야 하며, 구원의 조건으로서가 아닌 안내자로서 도움을 잘 받아야 하는 것입니다.

율례를 주신 하나님

성경본문 | 출애굽기 21:1-23:19

요절 | "너희는 내게 거룩한 사람이 될지니 들에서 짐승에게 찢긴 동물의 고기를 먹지 말고 그것을 개에게 던질지니라" _22:31

──────── 시작하는 이야기 ────────

　　하나님께서는 애굽의 종살이하던 이스라엘 백성들을 구원하시고 그들을 하나님의 백성으로 삼아 주셨습니다. 하지만 그들의 삶은 여전히 노예적인 삶의 모습이었습니다. 삶의 질이 이방인과 같고 거룩한 하나님을 섬기는 백성답지 못했습니다. 그래서 하나님은 십계명을 주시고, 그 계명에 근거한 구체적인 법규를 주셔서 그들의 삶을 끌어 올려 주시고자 한 것입니다. 사실 하나님께서 이스라엘 백성들에게 주신 법규는 당연한 것이지만, 못된 죄성을 지녀서 그렇게 살 수 없었기에 법을 주신 것입니다.

　　21세기를 사는 우리의 모습은 여전히 죄악된 삶의 모습이 많습니다. 수많은 법을 만들어서 죄를 예방하고 처벌하지만, 여전히 법을 어기며 죄를 짓는 사람들이 적어지지 않습니다. 법보다도 중요한 것은 사람의 양심이고, 참된 사랑이지만, 죄인들에게 법은 중요한 기능을 하게 됩니다. 우리는 죄악이 만연한 세상에서 어떻게 하나님의 백성답게 살 수 있을 지 생각하면서 공부해 봅시다.

● 말씀의 자리

1. 남종(21:1-6)과 여종(21:7-11)에 대한 법규가 무엇이며, 왜 이런 법규가 필요 했을까요?

* 법규(1): 재판의 판별 기준이 되는 법령이나 성문법을 가리킴.
* 속량(8): 몸값을 치르고 구하다. 대가를 지불하고 권리를 회복시키다는 뜻.

2. 폭행에 대한 법규가 무엇이며, 왜 이런 법규가 필요 했을까요(21:12-27)?

* 저주하는(17): 말로 모욕할 뿐 아니라 인격적으로 멸시하고 업신 여긴다는 뜻임. 부모의 권위를 무시하는 것은 하나님을 거역하는 죄악과 다름 없음.
* 눈은 눈으로(24): 문자적으로 '눈을 위해서 눈을'이란 뜻으로, 해를 끼친 것에 대한 정확한 보상 원리, 곧 동해보복법(" ㅁ)의 원리를 말해줌.

3. 가축의 임자의 책임(21:28-36)과 배상(22:1-15)에 관한 법규가 어떠한 지를 찾아보시오.

* 속죄금(30): 죄(실수, 허물)의 대가로 지불하는 돈, 곧 벌금.
* 은 삼십 세겔(32): 종의 몸값에 해당하며, 예수님께서 가룟 유다에게 팔리셨던 값에 해당함(마 26:15).
* 낟가리(6): 추수한 곡식을 쌓아놓은 것을 말함.

---

4. 도덕에 관한 법 및 사회적 약자에 대한 법규를 찾아 보시고, 왜 이런 법규가 필요 했는 지를 말해 보시오(22:16-27). 재판장과 지도자, 초태생, 들에서 찢긴 동물에 관한 법을 말해 보시오(22:28-31).

* 납폐금(16): '부모에게 값을 치르고 아내를 사다'는 뜻에서 유래. 결혼 지참금.
* 무당(18): 원뜻은 '요술, 마술'이란 의미. 마술(요술)을 부려 길흉을 예측하거나 죽은 자의 영혼을 불러내는 등의 사악한 행위로 사람들을 현혹하는 자를 말함.

---

5. 공평에 관한 법규를 찾아보시고, 왜 이런 법규가 필요 했는 지를 말해 보시오 (23:1-9).

* 거짓된 풍설(1): 불건전하고 헛된 풍문을 뜻함.
* 두둔하지(3): 지나친 호의를 보이며 옹호한다는 말.

6. 안식년과 안식일에 관한 법규가 어떠하며(23:10-13), 이스라엘 백성들이 매 년 지켜야할 세 가지 절기에 대하여 말해 보시오(23:14-19).

* 맥추절(16): 곡물 수확 후 첫 곡식단을 하나님께 드리는 절기. 유월절에서 50일째 되는 날에 지켰으므로 '칠 칠절', '오순절'이라고도 함.

● 삶의 자리

1. 하나님은 개인의 사유 재산을 인정하실 뿐만 아니라 남의 재산에 대하여 손해를 입히거나 도적질 했을 때 반드시 배상하게 함으로 남의 재산도 소중히 여기도록 가르쳐 주십니다. 당신이 남의 재산이나 공공 재산에 대하여 손해를 입혔을 때 배상한 경우가 있었는지, 아니면 그렇지 못하고 그냥 지나버린 것은 있었는지를 나누어 보시오.

_____

_____

_____

_____

_____

2. 당신은 우리 사회의 불공정한 실태에 대하여 알고 있는 바가 무엇이며, 공정 사회를 위하여 우리 모두가 힘써야 할 점은 무엇이라고 생각하십니까? 온전한 주일을 지키기 위해서 목회자들과 성도들이 어떤 점들을 개혁해 나가야 한다고 생각하십니까?

_____

_____

_____

_____

_____

_____

_____

_____

말씀의 자리 +Plus

모든 율례들은 하나님께서 십계명을 근간으로 하여 주신 세부 법령들입니다. 하나님은 하나님의 백성들이 어떻게 살아야 하는지를 실생활에서 부딪치는 문제들에 대한 적절한 율례를 주셨습니다. 특히 21장에서는 제 5계명과 제 6계명의 적용에 대한 구체적인 상황들에 대한 율례인데, 노예 제도의 규정들과 사형에 해당되는 죄(모살죄, 부모 구타죄, 유괴죄, 부모에 폭언한 죄), 그리고 각종의 손해 배상에 관한 규례들 입니다. 22장에서는 제 8계명과 제 7계명과 제 1,2계명에 대한 세부 조항이 섞여 나오는데, 주로 이웃 재산의 손해 배상과 우상과 간음 등에 관한 것입니다. 그리고 23장은 제 9계명과 관련된 거짓 증거 및 거짓 재판 금지 조항과 함께 선을 행하고 나그네를 압제하지 말라는 것과 안식년, 안식일, 3대 절기에 관련된 규례입니다.

우리는 이러한 율례들을 통해서 죄악된 인간 사회를 도우시는 하나님을 만나게 됩니다. 하나님은 인간의 죄성이 해결되지 않은 채 조금만 틈만 나면 죄성이 폭발하여 이웃에게 엄청난 고통과 아픔을 주는 인간 사회에 율례라는 법을 통해서 서로를 보호하시고 약자들을 보호하신 것입니다. 하나님의 형상대로 지음 받은 인간은 모두가 존귀한 존재이므로 계급과 신분을 초월하여 정당한 법 앞에서 평등하게 지배받고 보호받게 하신 것입니다. 도덕적이며 의례적인 법이나 민법과 형법 등의 모든 분야의 율례들은 하나님과 그 분의 말씀에 의해서 주어졌으며, 하나님의 백성으로서 육체와 영혼의 순결 및 정직과 성실과 공의를 요구하는 신성한 율례들입니다. 우리 그리스도인들은 구약의 율례들을 통해서 죄인들을 향한 하나님의 지극한 사랑과 공의를 배우게 되며, 그리스도께서 십자가의 죽으심을 통해서 율법의 요구를 이루셨기에 율법이 구원의 조건은 아니지만, 거룩한 정신과 경건한 삶을 살게 하는데 이정표로 삼아야 하는 것입니다.

13 과

축복과 경고, 그리고 언약

성경본문 | 출애굽기 23:20-24:18

요절 | "하나님이 이스라엘 자손들의 존귀한 자들에게 손을 대지 아니하셨고 그들은 하나님을 뵙고 먹고 마셨더라"
_24:11

―――――― 시작하는 이야기 ――――――

　사람들은 성공을 하고 축복을 많이 받으면 타락하고 넘어지는 경우가 많습니다. 성공을 하기 전에는 그렇게 겸손하던 사람이 어느 날 일이 잘 되고 성공을 좀 하면 완전히 다른 사람이 됩니다. 하나님의 백성들도 마찬가지입니다. 인정을 받고 축복을 받으면, 하나님의 은혜를 잊어버리고 자신이 잘 해서 그렇게 된 것으로 생각합니다. 그래서 바울 사도는 "그런즉 선줄로 생각하는 자는 넘어질까 조심하라"(고전 10:12)고 말씀 해주었습니다.

　오늘 본문은 위대하시고 섬세한 하나님을 만나게 해줍니다. 하나님은 당신의 백성들을 매우 사랑하시고 축복해 주십니다. 그리고 사람들의 약점을 잘 아시기에 잘못되지 않도록 안전 장치를 마련하시는 것을 볼 수 있습니다. 하나님께서 축복과 경고, 그리고 다시 언약을 체결하시는 것을 보면, 하나님의 섬세한 사랑을 볼 수 있습니다. 우리는 오늘 말씀을 통해서 축복의 때에 넘어지지 않고 겸손히 하나님을 섬기며, 그 축복을 지키는 삶을 잘 배워야 하겠습니다.

- 말씀의 자리

1. 하나님께서 이스라엘 백성에게 약속하신 축복들이 무엇입니까(23:20, 23, 25-27)?

   * 사자(20): 하나님이 자기 뜻을 전하고자 친히 보내신 자.
   * 너의 날 수를 채우리라(26): '너의 명수( )대로 살게 할 것이다'는 뜻.

2. 이스라엘 백성이 적극적으로 해야 할 일이 무엇이며(22, 25), 절대로 하지 말 아야 할 일이 무엇입니까(23-24, 32)? 하나님께서는 그의 백성이 경고의 말씀 을 듣지 아니할 때 어떻게 하시겠다고 하십니까(33)?

   * 올무(33): 문자적으로는 짐승을 잡기 위한 덫이나 갈고리 혹은 함정을 뜻하며, 이것은 도구나 함정 뿐 아니라 그러한 것들에 빠져 멸망하는 것까지를 의미함.

3. 모세가 백성에게 하나님의 율법을 들려주었을 때 백성의 반응이 어떠했습니까(24:1-3)?

* 장로(1): 모세를 보좌하여 이스라엘 전체를 다스릴 지혜와 덕망이 있는 각 지파의 대표자를 말함.
* 준행하리이다(3): 하나님의 명령을 따라 그대로 실제 생활 속에서 행하는 것을 의미.

4. 하나님과 백성 간의 언약이 어떻게 세워졌습니까(4-8)? 여기서 피의 역할이 무엇이었을까요(히 9:19-22)?

* 언약서(7): 시내 산에서 모세가 하나님으로부터 받은 율례를 기록한 두루마리.

5. 피로 언약을 세운 후 하나님과 이스라엘 백성의 관계가 어떻게 되었습니까(9-11)? 언약을 세우기 전(19:12-13, 21-24)과 어떻게 다릅니까?

* 존귀한 자들(11): 이스라엘 백성들의 대표들인 70인의 장로와 나답, 아비후, 모세, 아론 등 74명을 가리킴.
* 청옥(10): 남보석, 맑은 사파이어.

_____

_____

_____

_____

_____

_____

6. 여호와께서는 모세에게 두 번째 율법과 계명을 친히 기록한 돌판을 주셨습니다. 모세가 시내 산 위에 올랐을 때 여호와의 영광이 어떻게 나타났으며, 이스라엘 자손의 눈에는 어떻게 보였습니까(12-18)?

* 율법과 계명(12): 율법으로 번역된 '토라'의 원뜻은 '지시' 또는 '지침'이고, 십계명 전문을 가리킴.
* 영광(16): 하나님의 현현을 시사하는 장엄, 위엄, 존귀함 등을 일컫음.

_____

_____

_____

_____

_____

● 삶의 자리

1. 하나님은 이스라엘 백성에게 일상적이면서도 놀라운 축복을 주셨는데, 그들에게 경고의 말씀을 하신 이유가 무엇이라고 생각하십니까? 당신은 축복의 날에 무엇을 조심해야 한다고 생각하고 있습니까?

_____

_____

_____

_____

_____

_____

2. 이스라엘 백성이 하나님의 율법을 듣는 자세를 생각해 볼 때, 당신은 하나님의 말씀을 어떻게 듣고 있으며, 말씀대로 살고자 할 때 어려운 점이 무엇입니까? 오늘날 우리가 하나님과 친밀한 관계를 맺어갈 수 있는 길이 무엇이라고 생각하십니까(롬5:1)?

_____

_____

_____

_____

_____

_____

_____

말씀의 자리 ^{+Plus}

사람들은 선줄로 생각할 때 넘어질 때가 많습니다(고전10:12). 무엇인가를 이루고 성공을 할 때까지는 겸손하게 잘 하다가 그 이후에는 교만하여 넘어지는 경우가 허다합니다. 오늘 본문은 하나님께서 이스라엘 백성들에게 주실 복과 경고와 언약에 관한 말씀인데, 23장 20-33절은 약속의 땅 가나안에서 지켜야 할 법도와 복에 관한 말씀이고, 24장은 하나님과 이스라엘 백성 사이의 언약 체결에 관한 말씀입니다.

하나님께서 이스라엘에게 주신 복의 약속은 무조건적인 것이 아니라 반드시 순종과 성결과 헌신이 전제되어 있으며, 만일 불순종하며 범죄하게 될 때에는 허물을 용서하지 않으며 올무에 걸려 넘어지게 될 것이라고 경고 해주셨습니다. 그리고 하나님은 이스라엘 백성과 공식적으로 언약 체결식을 맺게 되는데, 언약의 피를 뿌림으로써 언약 체결을 확정하게 되었습니다. 이로써 이스라엘은 하나님을 군주로 (왕으로) 하는 신정 국가 체제를 확립하고 그 분의 뜻을 따라야 하는 신성한 의무를 갖게 되었고, 동시에 하나님의 절대적인 보호와 사랑을 받을 수 있는 그 분의 백성이요 항상 그 분과 함께 살게 되는 거룩한 제사장 나라가 된 것입니다.

하나님께서 이스라엘 백성들을 출애굽 시켜 친히 언약을 맺고 그의 백성으로 삼으신 것처럼, 오늘 우리들을 예수 그리스도의 희생적인 사역을 통해서 죄와 죽음에서 구원하시고, 하나님의 백성으로 삼아주신 것입니다. 그리고 우리가 예수 그리스도를 믿음으로 하나님의 백성이 되고, 놀라운 복을 받았지만 하나님의 말씀을 지키지 않고 불순종하면 언제든지 빼앗기고 사라진다는 것을 알아야 합니다. 우리는 하나님의 언약의 백성으로서 하나님과 친밀한 관계 속에서 살아야 하며, 세상 문화에 영향을 받는 그리스도인이 아니라 세상 문화에 영향을 주는 빛과 소금 같은 그리스도인이 되어야 할 것입니다.

14과

성막을 짓게 하신 하나님

성경본문 **|** 출애굽기 25-27장, 30-31장

요절 **|** "내가 그들 중에 거할 성소를 그들이 나를 위하여 짓되 무릇 내가 네게 보이는 모양대로 장막을 짓고 기구들도 그 모양을 따라 지을지니라" _25:8, 9

─────────── 시작하는 이야기 ───────────

　　어느 시대에서나 자신만의 좋은 공간은 사람들의 많은 관심이 쏠리는 영역인 것 같습니다. 그래서 좀 더 좋은 집을 구하기도 하고, 쉴 수 있는 공간을 찾아 가고, 대화의 장소로 카페에 가는 것 같습니다. 그리고 대부분의 사람은 다른 사람과의 만남을 소중히 여기며, 많은 만남을 약속하며 살아갑니다. 하지만 하나님과의 만남에는 소홀히 하는 경우가 많습니다. 실제로 하나님과의 만남이라고 할 수 있는 예배, 기도, 성도의 교제에는 시간이 없다는 핑계로 충분한 시간을 갖지 않습니다. 하지만 하나님은 죄인들과의 만남을 위해서 성막을 지으라고 하셨습니다. 영이신 하나님께서 성막을 하나님 자신을 위하여 지으라고 하신 것에는 깊은 뜻이 담겨져 있습니다. 거룩하신 하나님은 성막을 통해서 죄인들을 만나주시고, 죄인들을 구원하시려는 계획을 하신 것입니다. 그래서 예수님은 자기 육체가 하나님의 성전인 것을 아셨고, 자신의 육체를 통해서 죄인들을 구원하신 것입니다.

　　오늘 우리는 섬세한 성막의 구조를 공부하면서, 하나님의 성품과 죄인들을 향한 사랑을 묵상할 수 있어야 하겠습니다. 본문이 좀 길지만, 여유를 가지고 예수님을 예표하는 성전을 생각하며 유익한 공부를 할 수 있길 바랍니다.

- 말씀의 자리

  1. 성소를 짓기 위하여 하나님께서는 무슨 예물을 가져오라고 하셨으며, 예물을 가져오는 자는 어떤 마음으로 가져와야 합니까(25:1-7)?

  * 예물(2): '높이 올리다'는 뜻으로 헌납, 성물, 헌물, 거제물, 희생 제물 등을 말하며, 하나님께 기쁜 마음으로 떠받쳐 드리는 모든 제물을 뜻함.
  * 해달(5): 정확히 무엇을 가리키는 지는 확실치 않으나 '바다 소(ʼ)로도 추정함.

  _____

  _____

  _____

  _____

  _____

  _____

  _____

  2. 하나님께서는 성소를 왜, 어떻게 지으라고 하십니까(25:8-9)?

  * '내가 … 거할 성소'(8): '거한다'는 뜻은 '숙박, 휴식한다'는 뜻을 가지고 있으며, 하나님께서 이스라엘과 함께 하시며 돌봐 주신다는 의미를 담고 있음. 성소란 '성막, 회막, 증거의 장막' 등으로도 표현되는데, 이동할 수 있는 텐트였음.

  _____

  _____

  _____

  _____

  _____

  _____

  _____

3. 성막의 모양을 대략적으로 그려보시오. 성막의 기구, 궤(25:10-16), 속죄소 (25:17-22), 상(25:23-30), 등대(25:31-40) 등은 무엇으로 어떻게 만들라고 하셨으며, 각각의 역할과 의미가 무엇입니까?

* 증거판(16): '증언, 법전'이란 뜻을 가지며, 하나님께서 명하신 그 말씀 곧 십계명이 기록된 두 돌판을 말함.
* 속죄소(17): 문자적으로 '덮다, 가리다'는 뜻을 가지는데 언약궤의 덮개. 죄를 덮어주시는 하나님의 자비를 상징함.
* 진설병(30): 성소 안에 매 안식일마다 새 것으로 차려놓는 누룩 없는 빵으로 이스라엘 12지파를 상징하여 12개의 빵을 진설해 놓음.
* 등잔대(31): 성소 안 왼쪽에 위치하는 성물로 바깥과 차단된 성소 안을 밝히는 역할을 함.

4. 성막의 구조는 어떠하며, 성막의 휘장(26:1-14), 널판(26:15-30), 성소와 지 성소를 구분하는 휘장(26:31-37) 등은 무엇으로 어떻게 만들게 하셨으며, 그 기능과 의미가 무엇입니까?

* 휘장(1): '장막, 덮개'란 뜻으로 성막을 보호하는 천막.
* 규빗(13): 길이를 측정하는 단위로 성의 팔꿈치에서 가운데 손가락 끝까지의 길이이며 대략 45.6cm.
* 조각목(26): 아카시아 나무과에 속하며 가볍고 견고하며 잘 썩지 않음.
* 한 달란트(39): 금, 은의 무게를 측정하는 단위로 약 34kg(3000세겔)이었음.

5. 성막의 놋단(27:1-8), 성막 뜰과 뜰 문(27:9-19), 등불 기름(27:20-21) 등은
   무엇으로 어떻게 만들게 하셨으며, 그 기능과 의미가 무엇입니까?
   * 성막의 뜰(9): 성소와 지성소를 둘러싼 마당을 가리켜, 이곳에 번제단과 물두멍 놓여 있었음.
   * 감람(20): 감람나무(올리브 나무)의 열매를 가리키며, 식용, 등불용, 약용 등으로 사용된, 팔레스틴 지역의
   중요 열매임.

6. 성막의 분향할 제단(30:1-10), 성막의 속전(11-16), 물두멍(17-21), 거룩한
   관유(22-38) 등을 어떻게 만들게 하셨으며, 그 기능과 의미는 무엇입니까? 회
   막의 기구들을 만들 사람은 누구이며, 어떤 사람들이었습니까(31:1-11)? 회
   막 기구들을 만들라고 하시면서 갑자기 안식일 규례를 말씀하신 이유가 무엇
   이며, 어떻게 지켜야 합니까(12-18)?
   * 생명의 속전(12): '덮다, 용서하다'는 뜻으로 죄를 가려주신 하나님의 은혜에 감사하여 드리는 예물을 말함.
   * 소합향(34): 향기가 진동하는 어떤 식물에서 추출된 향품으로 추정됨.
   * 큰 안식일(15): '안식일의 안식일'이란 뜻으로 안식일의 중요성과 거룩성을 강조하기 위한 표현.

● 삶의 자리

1. 성막의 구조에서 당신에게 가장 인상적인 것은 무엇이었으며, 성막에 나타난 하나님의 성품은 무엇입니까? 성막이 예수님을 상징한다고 말하는데, 어떤 점에서 예수님을 상징하는 것일까요?

---

2. 성막은 하나님이 죄인과 만나는 곳이요, 거하시는 곳이며, 예수 그리스도를 믿는 그리스도인들은 자신 안에 성전이 있는데, 당신의 성전은 어떠하며, 하나님과의 만남은 어떠합니까?

말씀의 자리 ^{+Plus}

　오늘 본문의 25-27장과 30-31장은 하나님께서 모세에게 성막을 짓게 하시는 내용입니다. 성막이 성전이 되고 성전이 예수 그리스도를 상징하는 통전적 의미(統全的 意味)를 생각하면, 더 깊은 관심을 갖지 않을 수 없습니다. 하나님은 모세에게 이스라엘 자손들이 성막의 기구와 성막을 짓게 하기 위해서 필요한 예물과 재료를 가져오도록 하시고, 다양한 성막의 기구와 그 기구의 설계도까지 섬세하게 알려주십니다.

　하나님은 왜 성막을 짓게 하셨을까요? 하나님이 이스라엘 자손들에게 성막을 짓게 하신 이유를 25장 8절에서 아주 간단히 언급해 주시는데, 그 이유는 하나님이 이스라엘 자손들 중에 거하기 위해서, 하나님을 위하여 지으라고 하신 것입니다. 모세와 이스라엘 자손들은 광야에서 성막을 짓는데 많은 시간과 많은 물질을 드려야 했고, 많은 몸의 헌신을 하였습니다. 거룩하신 하나님은 죄인과 함께 거할 수 없는 분이셨는데, 성막을 통해서 죄인과 함께 하는 길을 마련하신 것입니다. 또한 성막의 다양한 기구들과 의미 있는 물품을 만들게 하신 것은 거룩하신 하나님께 나아가는 길을 준비하기 위함이었습니다. 하나님은 광야 시대에는 성막에 거하셨고, 가나안 정착 시대에는 성전에 거하셨고, 신약 시대에는 예수님 안에 거하셨고, 성령 시대에는 그리스도인의 마음 속에 거하신 것입니다.

　그러므로 우리는 성막을 통해서 거룩하신 하나님을 보아야 하고, 예수님을 보아야 하고, 성령으로 말미암아 우리 안에 있는 성전을 보아야 합니다. 이스라엘 백성들이 성막을 통하지 않고서는 하나님을 만날 수 없었고, 하나님께 나아갈 수 없었듯이, 우리는 성전되신 예수님을 통하지 않고서는 하나님을 만날 수 없습니다. 우리가 예수님을 믿는 것은 우리 안에 하나님의 성전을 만드는 것이며, 그 성전 안에서 하나님과 친밀한 만남이 이루어지는 것입니다. "너희는 너희가 하나님의 성전인 것과 하나님의 성령이 너희 안에 계시는 것을 알지 못하느냐"(고전 3:16).

15과

제사장을 세우신 하나님

성경본문 | 출애굽기 28:1-29:46

요절 | "내가 거기서 이스라엘 자손을 만나리니 내 영광으로 말미암아 회막이 거룩하게 될지라 내가 그 회막과 제단을 거룩하게 하며 아론과 그 아들들도 거룩하게 하여 내게 제사장직분을 행하게 하며" _29:43, 44

──────────── 시작하는 이야기 ────────────

가끔 무더운 날씨에도 축구 감독들이 정장을 입고 축구 경기를 열심히 지휘하는 것을 보면서, 의아한 생각을 가질 때도 있고, 뭔가 중요하다고 생각되는 예식이 치러지는 곳은 대부분 정장을 입는 것을 보고, 의상에는 뭔가 중요한 의미가 있다는 생각을 한 적이 있습니다. 오늘 성경본문을 보면, 하나님께서 사람의 옷 입는 것까지도 신경을 써주시는 신기한 내용이 나옵니다. 제사장은 죄인들을 대신하여 하나님을 섬기는 자로서 하나님과 백성들의 중보자로 특별히 세워진 사람입니다. 하나님께서 모든 사람이 각자 자기 제물을 갖고 언제나 편리하게 직접 제사를 드리도록 하지 않고 소수의 제사장을 택해서 그들만이 제사를 드리도록 하신 것은 제사장에게 하나님과 죄인 사이의 중재 역할을 하도록 하여 신성한 제사가 모독되는 것을 막기 위함이었습니다.

오늘 본문에서는 제사장이 입을 옷과 제사장의 여러 장신구를 어떻게 만들고, 또 어떻게 착용하는지에 대한 가르쳐줍니다. 제사장을 세우신 하나님의 뜻, 그리고 제사장의 의복에 대하여 섬세하게 말씀해 주시는 하나님의 뜻을 생각하면서 공부해 봅시다.

● 말씀의 자리

1. 제사장의 직분이 무엇이며, 하나님께서는 누구에게 제사장의 직분을 감당하라고 하셨으며, 제사장이 입을 옷을 어떻게 만들라고 하셨습니까(28:1-5)?

* 에봇(4): 하나님의 인도하심을 구하는데 사용하였는데, 호마노 고리에 의해 두 어깨받이 위에 고정되어 있었으며, 그 두 어깨받이 위의 호마노 위에 각각 이스라엘 여섯 지파의 이름이 새겨져 있었음.

_____

_____

_____

_____

_____

_____

2. 제사장들이 입을 옷, 에봇(28:6-14), 판결 흉패(28:15-30), 겉옷(28:31-35), 패와 관(28:36-38), 반포 속옷(28:39), 띠(28:40-41), 속바지(28:42-43) 등을 어떻게 만들고, 어떻게 착용하도록 하셨습니까?

* 판결 흉패(15): 대제사장이 공적 업무를 수행할 때 가슴에 다는 패를 가리키며, 그 안에 판결을 내리는 우림과 둠밈이 있었음.
* 반포 속옷(39): 위에서 아래까지 통으로 짠 흰 세마포 속옷으로 대제사장의 거룩한 의복이었음.

_____

_____

_____

_____

_____

_____

3. 제사장의 위임식은 어떻게 진행되도록 하셨으며, 그렇게 한 의미가 무엇이라고
   하셨습니까? 머리에 기름 붓기(29:1-9), 속죄제(29:10-14), 번제(29:15-18), 화
   목제(29:19-22), 요제(29:19-27) 등은 어떻게 하며 그 뜻은 무엇입니까?

   * 관유(7): 성별 의식을 위해 사용된 거룩한 기름으로 감람유에 극상품 향유와 계피, 창포, 몰약 등을 섞어 만듦.
   * 속죄제(14): 죄를 용서 받기 위해, 또한 의식상 부정을 깨끗하게 하기 위해 드리는 제사.

   _____

   _____

   _____

   _____

   _____

   _____

4. 거제물은 무엇이며(29:26-28), 아론을 이어 제사장이 될 자는 누구이며
   (29:29-30), 속죄물은 누가 먹도록 합니까(29:31-34)?

   * 요제(24): 제물을 앞뒤로 흔들어 드리는 제사법이며, 제물을 드리는 자의 온전한 헌신을 상징함.
   * 거제물(28): 제사장이 제물(희생의 우편 뒷다리, 처음 익은 곡식, 십일조 등)을 높이 들었다가 내리는 제사
   법을 뜻함.

   _____

   _____

   _____

   _____

   _____

   _____

5. 위임식은 며칠 동안 하며, 단은 어떻게 속죄하여 거룩하게 합니까(29:31-
   37)? 아침 저녁으로 매일 드리는 번제는 무슨 의미가 있습니까(29:38-46)?

* 에바(40): 고체의 부피를 측량하는 단위로, 1에바는 약 22리터에 해당됨.
* 힌(40): 액체의 측정단위로 1힌은 약 3.67리터에 해당됨.
* 전제(40): 번제와 함께 포도주나 독주를 부어 하나님께 드리는 제사법으로 하나님을 섬기는 자들의 헌신적
  인 봉사를 상징함.

● 삶의 자리

1. 하나님을 섬길 때 특별히 제사장을 세우신 이유가 무엇이며, 신약의 그리스도 인들이 어떤 점에서 제사장적 특권이 주어진 것이며(벧전 2:9), 당신이 하나님 을 섬기는데 새롭게 해야 할 점이 무엇이라고 생각하십니까? 특히 예배시에 옷은 어떻게 입어야 할지를 나눠 보세요.

_____

_____

_____

_____

_____

_____

_____

2. 구약의 백성들은 매일 드리는 번제를 드려야 했고, 신약의 백성들은 자신의 몸 을 산 제물로 드려야 하는데(롬 12:1), 당신은 어떻게 산 제물로 드려지고 있습 니까?

_____

_____

_____

_____

_____

_____

_____

_____

말씀의 자리 ^{+Plus}

오늘 성경 본문은 하나님께서 제사장의 옷을 만들게 하는 것과 제사장을 세우시는 내용입니다. 정말 하나님이 하시는 일들은 놀랍고 신기합니다. 제사장이 입는 옷까지 구체적으로 만드는 법을 알려주는 내용을 보면, 감탄이 저절로 나옵니다. 피상적으로 보면, 이런 것까지 성경에 기록되었을까 하는 생각을 가질 수 있을 것입니다. 하지만, 이러한 점은 우리가 얼마나 정성껏 하나님을 섬겨야 하는지를 알게 해 줍니다.

하나님은 성막을 짓게 하신 후에 성막에 봉사할 제사장을 세우시는데, 두 가지를 강조하신 것을 볼 수 있습니다. 한 가지는 의미 있는 특별한 옷을 만들어 입게 하여 제사장을 특별히 구별하신 것이고, 다른 한 가지는 제사장 위임식을 통해서 역할을 제정하신 것입니다. 하나님은 이스라엘 자손들 중에 거하시는 방법으로 성막을 짓게 하셨는데, 제사장을 세우신 것은 하나님과 이스라엘 자손 사이의 만남을 중재하기 위함입니다. 이러한 중재자는 장차 예수 그리스도를 통해서 죄인들과 화목하는 길에 대한 예표였던 것입니다. 예수님은 친히 성전이 되셨을 뿐 아니라 하나님과 죄인을 화목하게 하는 제사장이시며, 친히 화목 제물이 되신 것입니다.

우리가 출애굽을 한 이스라엘 백성들을 위하여 제사장을 세우신 하나님을 생각하면, 하나님께서 우리를 얼마나 사랑하시며, 우리의 연약함을 아시고 얼마나 많은 배려를 하셨는지를 알게 됩니다. 이제 우리는 택하신 족속이요 왕 같은 제사장들이요 거룩한 나라요 하나님의 소유된 친백성이 되었으니 아름다운 덕을 선포하며, 하나님을 온전히 섬기는 자로 살아야 하는 것입니다.

금송아지를 만든 이스라엘

성경본문 | 출애굽기 32:1-29

요절 | "백성이 모세가 산에서 내려옴이 더딤을 보고 모여 백성이 아론에게 이르러 말하되 일어나라 우리를 위하여 우리를 인도할 신을 만들라 이 모세 곧 우리를 애굽에서 인도하여 낸 사람은 어찌 되었는지 알지 못함이니라" _32:1

─── 시작하는 이야기 ───

사람들은 눈에 보이지 않으시는 하나님을 인식하지 못하고 무지와 어리석음과 욕망의 포로가 되어서 우상 숭배에 빠지기 쉽습니다. 시내산 아래 머물던 이스라엘 백성들이 금송아지를 만들어 놓고 숭배한 것은 애굽의 죄악된 문화와 우상 숭배의 영향을 받은 것도 있지만, 궁극적으로는 하나님의 말씀을 어기고 자신의 고집대로 하나님을 형상화시킴으로 하나님을 모독하는 죄를 지은 것입니다. 우상 숭배의 형태는 불신자들 뿐만 아니라 신자들에게도 나타나고 있습니다. 이교도들은 수많은 우상들을 만들어서 섬기고 있고, 하나님을 믿는다고 하는 신자들도 하나님 중심주의 신앙을 갖지 못하고, 자기 중심적 잘못된 신앙 형태에서 벗어나지 못하고 있는 경우가 많습니다.

우리는 본문을 통해서 왜 이스라엘 백성들은 우상 숭배에 빠지게 되었는가? 하나님은 우상 숭배를 어떻게 보시는가, 하나님의 사람 모세는 우상 숭배를 어떻게 대처하는 가를 공부하면서 우리 자신 속에 들어온 우상 숭배적 요소들을 과감히 물리치는 시간이 되어야 하겠습니다.

● 말씀의 자리

1. 이스라엘 백성들은 왜 금송아지 우상을 만들게 되었으며, 이들의 우상 놀이가 어떠합니까(1-6)? 왜 아론은 백성들의 요구를 들어주고 동참하였을까요?
   * 송아지 형상(4): 애굽의 우상인 아피스(Apis)와 므네비스(Mnevis) 황소 신상을 모방한 것.

_____

_____

_____

_____

_____

_____

2. 하나님께서는 금송아지 우상을 만든 이스라엘 백성들에게 어떻게 말씀하십니까(7-9)?
   * 목이 뻣뻣한(9): 완고하고 고집 세다는 뜻을 가지며, 교만하고 강퍅한 인생을 의미함.

_____

_____

_____

_____

_____

_____

3. 부패한 이스라엘 백성들에 대한 하나님의 뜻과 모세의 대답이 어떠합니까
(10-14)?
* 강한 손으로(11): '크고 억세며 전능한 손으로'란 뜻이며, 손은 힘과 권세를 상징함.

_____

_____

_____

_____

_____

4. 모세가 하나님께서 주신 두 돌판을 가지고 내려오면서 여호수아와 나눈 대화
가 무엇이며, 진에 돌아온 백성들을 보고 모세는 어떻게 하였습니까(15-20)?
* 그 판들을 … 깨뜨리니라(19): 모세는 증거 판을 깨뜨림으로써 언약의 효력이 상실되고 파괴되었음을 상징
적으로 나타내었음.

_____

_____

_____

_____

_____

_____

5. 모세가 형 아론을 어떻게 책망하였으며, 아론의 궁색한 변명이 어떠합니까 (21-24)?

_____

_____

_____

_____

_____

_____

6. 백성들의 모습은 어떤 모습을 하고 있었으며, 왜 이렇게 되었습니까(25절)?
   모세는 방자한 백성들을 어떻게 하였습니까(26-29)? 왜 모세는 레위 자손이
   그의 형제와 친구와 이웃을 죽인 것을 여호와께 헌신한 것으로 보았을까요?

* 방자하니(25): 고삐가 풀려 제어할 수 없는 상태, 곧 무절제하고 오만함을 뜻함.
* 헌신하게(29): 문자적으로 '너희의 손으로 가득 메우다'는 뜻으로 주어진 일을 철두철미하게 수행한다는 의미.

_____

_____

_____

_____

_____

_____

_____

● 삶의 자리

1. 이스라엘 백성들이 애굽 문화의 영향을 받아서 금송아지 우상을 만들어 숭배하는 모습을 보면서, 오늘날 세상 사람들의 우상 숭배의 동기와 허구성을 말해 보시오. 특히 맘몬 숭배사상이 얼마나 만연해 있는지 나눠보시오.

2. 금송아지 숭배에 대한 하나님의 심판을 들은 모세의 반응에서 우리가 본받아야 할 것은 무엇입니까?

말씀의 자리 +Plus

　　우상숭배는 아주 잘못된 행위입니다. 하나님을 무시하고 배신하는 악한 짓입니다. 부부 사이에 있어서는 안되는 불륜과 같은 것입니다. 이스라엘 백성들은 하나님과 언약 체결을 하고 하나님의 백성들이 된 사람들인데, 시내산에 올라간 모세를 기다리지 못하고 금송아지 우상을 만들어 놓고 광란의 우상 숭배 축제를 벌인 것입니다. 그들은 보이지 않으시는 영이신 하나님에 대한 참된 지식이 없이 애굽의 금송아지 우상을 부러워하며 우상을 만들어 놓고 애굽에서 자신을 인도해낸 신이라고 부른 것입니다. 얼마나 어리석고 미련한 일입니까? 이때 하나님의 마음이 어떠했을까요? 하나님은 참을 수 없는 배신감이 들었을 것입니다. 공의로우신 하나님은 크게 진노하셔서 당장에 진멸하실 수 밖에 없으셨습니다. 여기에 하나님의 대노와 모세의 간절한 중보 기도의 장면이 극적으로 표현되어 있습니다.

　　모세는 하나님께서 진노하신 이유를 듣고 아브라함과 이삭과 이스라엘에게 약속하신 것을 기억하셔서 주의 백성들에게 화를 내리지 말라고 간청한 후에 산에서 내려옵니다. 그는 우상 숭배의 현장을 보고 아론을 책망하며, 하나님의 지시에 따라서 주동자를 제거하도록 하고 백성들을 위하여 목숨을 건 기도를 한 것입니다. 우리는 우상 숭배를 피해야 합니다. 하나님보다도 더 소중하게 여기는 것들이 우상 숭배인데, 돈, 쾌락, 명예, 권력, 자녀, 성공, 등을 우상시할 수 있습니다. 또한 죄악에 빠져 있는 이들이 회개하고 하나님께 돌아오도록 중보 기도할 수 있는 그리스도인이 되어야 하겠습니다.

백성을 살린 모세의 기도

성경본문 | 출애굽기 32:30-33:23

요절 | "그러나 이제 그들의 죄를 사하시옵소서 그렇지 아니하
시오면 원하건대 주께서 기록하신 책에서 내 이름을 지
워 버려 주옵소서" _32:32

─────── 시작하는 이야기 ───────

좋은 지도자를 만난 것은 백성들의 복입니다. 백성들이 지도자를 뽑
는 세상이 되었지만, 정말 좋은 지도자를 얻는다는 것이 흔한 일은 아
닌 것 같아서 안타까울 때가 많습니다. 백성들의 아픔, 심지어는 백성
들의 무지함까지도 헤아려서 올바른 길로 인도해주고 보호해주는 지도
자가 있다면 얼마나 좋을까요?

오늘 본문을 통해 부패한 백성들을 살리기 위해서 목숨을 걸고 기도
하는 모세의 기도에 귀를 기울이시며, 응답하시고 놀라운 영광을 나타
내 주시는 하나님을 만나게 됩니다. 정말 이런 지도자를 둔 백성, 은혜
와 긍휼의 하나님을 모신 백성들은 복되겠다는 생각을 하게 됩니다. 우
리는 죄 가운데 살 수 밖에 없지만, 우리의 중보자 예수님을 통해서 죄
사함을 받고 하나님의 긍휼을 받은 사람들입니다. 이 시간 우리의 완전
한 중보자이신 예수님을 만나고 사람을 살리는 역사 가운데 쓰임 받는
그리스도인이 되길 소원하면서 공부해봅시다.

● 말씀의 자리

1. 모세가 백성들에게 이른 말은 무엇이며, 하나님께 나아가 드린 기도가 무엇입니까(32:30-32)? 그의 기도 가운데 백성들을 향한 사랑이 어떻게 나타나 있습니까?

* 주께서 기록하신 책(32): '생명책'으로도 표현되는데, 인간의 삶과 죽음이 오직 하나님께 달려있음을 나타내줌.

_____

_____

_____

_____

_____

_____

2. 모세의 간절한 기도에 대한 하나님의 응답이 무엇입니까(32:33-33:3)? 왜 하나님께서는 이스라엘 백성들과 함께 가지 않겠다고 하셨습니까?

* 보응(32:34): 악한 자를 징벌하시기 위해 하나님이 찾으심을 뜻함.

_____

_____

_____

_____

_____

_____

_____

3. 하나님께서 그들과 함께 가지 않겠다고 하시자 백성들은 어떤 반응을 보이며, 하나님은 모세에게 무엇이라고 말씀하십니까(33:4-6)? 왜 이 말씀이 그토록 슬픈 말씀입니까?

* 준엄한 말씀(4): '나쁜, 불행한 그 말씀'이란 뜻인데, 말씀이 나쁘다는 것이 아니라 하나님께서 함께 하시지 않으시겠다는 말씀이 슬프고 저주스럽다는 의미.

_____

_____

_____

_____

_____

4. 모세가 하나님께 나아갈 때의 광경이 어떠하며, 하나님의 임재를 경험한 백성들은 무엇을 했습니까? 특히 하나님과 모세가 대면하는 모습이 어떠하였으며, 여호수아는 무엇을 하고 있었습니까(33:7-11)?

* 앙모하는(7): 하나님을 뵙기를 간절히 바라고 찾는 것을 말함.

_____

_____

_____

_____

_____

_____

_____

5. 모세가 하나님과 대면하면서 하나님께 고백하며 간구한 것이 무엇이었습니까
   (33:12-13, 15, 18)?
   * 은총(12): 하나님이 인간에게 보이시는 자비, 은혜, 사랑을 말함.

_____

_____

_____

_____

_____

6. 모세의 간구를 들으신 하나님께서는 어떤 응답을 주셨으며, 특별히 해주신 말
   씀이 무엇입니까(14,17-23)?
   * 긍휼히 여길 자(19): '어여삐 그리고 측은히 여길 자'라는 뜻.
   * 내 등을 볼 것이요(23): 인간은 거룩하시고 영광스러운 하나님을 볼 수 없고, 뒷부분, 하나님의 영광이 지나
     간 반영(   )을 표현한 말.

_____

_____

_____

_____

_____

_____

● 삶의 자리

1. 당신은 누구를 위해서 모세와 같은 이런 기도를 드려 보았습니까? 특히 나라와 민족을 위해서 어떤 기도 제목을 가지고 기도해야 할까요(롬 9:1-5)?

_____

_____

_____

_____

_____

_____

_____

2. 당신은 하나님과 함께 하는 것이 얼마나 중요하다고 생각하며, 하나님과 함께 하기 위해서는 어떤 점이 필요할까요?

_____

_____

_____

_____

_____

_____

_____

_____

말씀의 자리 ^{+Plus}

영국의 종교개혁자 존 낙스는 "기도하는 한 사람이 기도하지 않는 민족보다 강하다"라고 했는데, 기도하는 한 사람의 중요성을 강조한 말입니다. 모세는 하나님과 백성을 연결하는 중보자로서 끊임없는 헌신과 집념어린 기도자인 것을 알 수 있습니다. 그는 하나님을 대면하며 하나님을 사랑하는 자였을 뿐만 아니라 범죄한 백성들을 살리기 위해서 목숨을 걸고 기도하였습니다.

특히 모세는 하나님께서 이스라엘 백성들이 가나안 땅에 들어가도록 인도해줄 것이지만, 함께 올라가지 아니할 것이라는 말씀을 듣고 하나님과 깊은 대화를 나눕니다. 그가 하나님과 나눈 대화의 핵심은 하나님께서 함께 올라 가시지 않으신다면, 이스라엘 백성들을 약속의 땅으로 올려 보내지 말라고 간청하는 것을 볼 수 있습니다. 여기서 모세의 기도의 두 가지 특징은 하나님께서 백성들의 죄를 사하여 달라는 것과 하나님께서 자기 백성과 함께 해달라는 것이었습니다. 그는 하나님께서 함께 하시지 않는 젖과 꿀이 흐르는 땅은 아무런 소용이 없고, 하나님과 함께 하지 않는 삶은 아무런 의미가 없다고 생각한 것입니다.

우리는 모세의 기도를 배워야 합니다. 죄 가운데 하나님의 진노를 받을 수밖에 없는 우리 가정과 사회와 나라와 민족을 살려내기 위해서 집념의 기도를 해야 합니다. 하나님 사랑과 이웃 사랑을 실천하는 최상의 길은 기도하는 것입니다. 기도하는 당신이 기도 없는 한 민족보다 강하다는 것을 기억하며 사시길 바랍니다.

언약을 다시 세워주신 하나님

성경본문 | 출애굽기 34:1-35

요절 | "여호와께서 이르시되 보라 내가 언약을 세우나니 곧 내
가 아직 온 땅 아무 국민에게도 행하지 아니한 이적을 너
희 전체 백성 앞에 행할 것이라 네가 머무는 나라 백성이
다 여호와의 행하심을 보리니 내가 너를 위하여 행할 일
이 두려운 것임이니라"_34:10

─────────────────── 시작하는 이야기 ───○

정말 어렵고 힘든 일을 또 다시 한다는 것은 쉬운 일이 아닙니다. 하
나님의 거룩하시고 완전하신 성품상 은혜도 모르고 부패하고 타락한
백성들을 위해서 다시 언약을 하신다는 것은 결코 쉬운 일이 아니었을
것입니다. 그럼에도 불구하고 하나님은 중보자 모세의 기도를 들으시
고, 다시 그 백성을 품어주시고, 언약을 세워주신 것입니다. 이스라엘
백성들은 금송아지 우상을 숭배하다가 하나님과의 언약이 깨지고 말았
는데, 모세의 목숨을 담보한 중보 기도로 죄사함을 받게 된 것입니다.

오늘 말씀은 이스라엘 백성들에게 은혜와 긍휼을 베푸신 하나님께서
다시 모세에게 시내 산에 오르게 하시고 다시 언약을 세워주시는 내용
입니다. 하나님은 언약을 소중히 여기십니다. 그래서 언약이 파괴 되었
을 때 진노하시고 심판하시는 것입니다. 우리는 언약의 하나님을 만나
고 하나님께서 약속하신 것들을 믿으며, 언약의 백성으로서 신실한 삶
을 살아야 하겠습니다.

● 말씀의 자리

1. 하나님께서 모세를 왜 부르셨으며(1), 모세가 준비해야 할 것이 무엇이며, 백성들이 경계해야 할 것이 무엇이라고 하십니까(2-4)?

* 돌판(1): 십계명을 기록할 수 있도록 돌을 다듬어 만든 일종의 서판(⎯), 첫 번째 돌판은 하나님이 친히 준비하셨으나 두 번째 돌판은 모세로 하여금 만들어 오도록 하셨음.

2. 하나님께서는 모세 앞을 지나시며 그의 이름을 어떻게 선포하시며, 또한 스스로를 어떤 분이라고 말씀해 주십니까(5-7)?

* 인자(7): 헤쎄드 '사랑'으로 번역되는데, 인간에 대한 하나님의 호의, 자비, 은총, 긍휼, 인애 등의 광대한 사랑을 의미함.

3. 이때 모세가 왜 갑자기 엎드려 경배를 하였으며, 하나님께 간구한 바가 무엇입니까(8-9)?

_____

_____

_____

_____

_____

_____

4. 여호와 하나님께서 이스라엘과 다시 언약을 세우시면서 그들을 위해서 행하시겠다는 일들이 무엇이며(10-11), 그들이 해서는 안될 일이 무엇이라고 하십니까(12-17)?

* 아세라(13): 가나안 땅의 주신( ) 바알의 아내로, 곡물의 풍요와 다산(")을 주관한다고 믿어온 여신.
* 질투(14): '부러워하다'는 뜻인데, 하나님의 깊고 뜨거운 사랑을 표현한 것임.

_____

_____

_____

_____

_____

_____

5. 하나님은 모세와 언약의 백성들에게 무슨 절기를 어떻게 지키라고 명령하십니까(18-26)?

* 수장절(22): 한 해 농사를 마치고 지키던 절기인데, 이때 일주일 간 장막을 짓고 출애굽 이후 광야 생활을 기념하였기에 '장막절, 초막절'이라고도 부름.
* 유월절 제물(25): 흠없고 1년된 어린 양의 숫컷을 의미함(민9:1-14).

_____

_____

_____

_____

_____

_____

6. 하나님은 모세와 이스라엘에게 어떻게 언약을 세우셨으며, 모세는 어떻게 언약의 말씀(십계명)을 받았습니까(27-28)? 모세가 시내 산에서 내려왔을 때 어떤 모습이었으며, 백성들은 어떤 반응을 보였으며, 어떻게 하나님의 명령을 전해줍니까(29-35)?

* 십계명(28): 문자적으로는 '열 가지의 그 언약'이란 뜻인데, 하나님께서 시내산에서 선언하신 열 가지 계명으로, 온 율법의 근간을 이룸.

_____

_____

_____

_____

_____

_____

● 삶의 자리

1. 거룩하신 하나님께서는 모세 홀로 시내산 꼭대기에 오르게 하시고 백성들이
   나 짐승들까지도 가까이 하지 못하게 하신 것을 볼 수 있는데, 왜 이런 준비를
   시켰을까요? 당신은 하나님께 나아가는데 어떤 마음으로 어떤 준비가 필요하
   다고 생각합니까?

_____

_____

_____

_____

_____

_____

_____

2. 여호와의 성호와 성품을 아는 것이 참 중요합니다. 하나님은 스스로를 어떤 분
   이라고 말씀하고 계시며, 우리가 굳게 붙잡아야 할 하나님의 성품은 무엇입니
   까(4-7)? 특히 당신에게 더 필요한 하나님의 성품은 무엇입니까?

_____

_____

_____

_____

_____

_____

_____

_____

말씀의 자리 ^{+Plus}

   하나님은 언약을 대단히 중요하게 여기시는 언약의 하나님이십니다. 성경의 역사, 기독교의 역사는 언약의 역사라고 할 수 있습니다. 하나님께서 사람과 언약하시고, 그 언약을 이루어 가셨습니다. 하나님은 아담에게 언약하셨고, 노아에게, 아브라함과 이삭과 야곱에게, 모세와 여호수아에게, 다윗과 이스라엘 백성들에게 언약하시면서, 인류의 구원의 역사를 이루신 것입니다. 그런데 인간들은 하나님의 약속을 수없이 파괴하였습니다. 하지만 하나님은 그 언약을 잊지 아시고 다시금 세우기를 반복하시면서 자신의 뜻을 이루어 가신 것입니다.

   오늘 본문에서 하나님은 모세에게 새로운 돌판을 깎아서 만들게 하시고, 이스라엘과의 재언약을 준비하도록 하십니다. 첫 번째 언약 체결 때에는 하나님께서 돌판을 친히 준비하셨지만, 두 번째는 모세로 하여금 만들게 하신 것은 언약을 새겨 둘 마음의 판을 준비하도록 하기 위함이었습니다. 그리고 구체적인 언약의 내용들을 언급하시는데, 가나안 정복 때에 하나님께서 크신 능력과 이적으로 도우실 것이라는 약속(34:10-11)과 가나안 정착 후에 우상 문화에 젖은 원주민들과 언약을 세우지 말며 혼인을 하지 말 것을 명령하고(12-17), 3대 절기를 지키며 참되게 하나님을 섬길 것을 말씀해 주시면서 재언약을 체결하는 내용입니다.

   우리는 예수 그리스도를 믿음으로 하나님과 언약을 맺은 새 백성이 된 사람들입니다. 하나님의 약속을 믿음으로 구원을 얻게 되었고, 언약의 말씀을 따라서 살아야 합니다. 약속을 쉽게 파괴하는 시대 풍조 속에서도 하나님의 약속을 굳게 믿고 살아야 할 뿐만 아니라 가족과의 약속, 이웃과의 약속 등 어디서나 신실히 약속을 지키는 그리스도인으로 살아야 하겠습니다.

성막을 지은 사람들

성경본문 ┃ 출애굽기 35-37장

요절 ┃ "브살렐과 오홀리압과 및 마음이 지혜로운 사람 곧 여호
와께서 지혜와 총명을 부으사 성소에 쓸 모든 일을 할 줄
알게 하신 자들은 모두 여호와께서 명령하신 대로 할 것
이니라" _36:1

──────── 시작하는 이야기 ────────

이 세상에는 사람들이 지은 다양한 물건들과 건축물들이 있습니다.
정말 정교하고 아름다운 것들도 많습니다. 수 많은 예술가들이나 건축
가들이 상상하며 고안해서 만든 작품들을 보면, 감탄사가 저절로 나오
게 됩니다. 하지만, 우리 인간들을 위해서 하나님께서 짓게 하신 성막
을 보고 감탄하고 고마워하며 사는 사람들은 별로 없습니다. 성막을 보
는 눈이 열려야 진정으로 복된 인생이 되는 것입니다.

모세는 하나님께서 파괴된 언약 관계를 다시 맺어주시자 성막 건설
에 착수합니다. 이미 앞에서 구체적으로 언급한 성막과 성막의 기구들
을 다시 언급한 것은 그 만큼 성막이 중요하기 때문입니다. 하나님은
언약 백성들을 위해서 성막을 짓게 하셨습니다. 성막은 거룩하신 하나
님을 만나는 곳이요, 하나님의 임재하심과 하나님의 말씀을 들으며 예
배하는 처소입니다. 이러한 성막의 기능은 예수 그리스도가 오셔서 완
성되었기에 이젠 예수님을 통해서 하나님을 만나고 예배할 수 있습니
다. 우리는 섬세하고 정교하게 성막을 짓게 하신 하나님의 뜻을 깨달으
며, 성막을 짓는 사람들의 헌신과 열정을 배워서 더욱 하나님을 잘 섬
기는 그리스도인들이 되어야 하겠습니다.

● 말씀의 자리

1. 모세가 이스라엘 자손의 온 회중을 모으고 그들에게 명령한 것이 무엇이며, 이 토록 엄격하게 강조한 이유가 무엇일까요(35:1-3)?

   * 거룩한 날(2): 거룩이란 단어는 '구별하다, 하나님의 것으로 구분되다'는 뜻인데, 하나님께 제사와 예배를 드리기 위해 특별히 구별한 날을 가리킴.

   _____

   _____

   _____

   _____

   _____

   _____

2. 35:4-29절은 25:1-9절의 반복으로 이스라엘 백성들이 여호와께 드릴 예물에 관한 내용들입니다. 어떤 마음으로 예물을 드렸습니까(5, 21-22, 29)?

   * 지혜로운(10): '분별력있고, 민첩하며, 현명하다'는 뜻이며, 기술적인 면에서는 '능숙한, 숙련된, 재간 있는' 이란 의미를 가지고 있음.
   * 자원하여 드린 예물(29): '즐거이 드리다, 아낌없는 마음으로 바친 것, 준비된 마음으로 드림, 자발적인 봉헌'을 말하며, '낙헌 제물'(freewill offering)을 일컫기도 함(레 22:18-30).

   _____

   _____

   _____

   _____

   _____

3. 성막과 그 기구를 만들 일꾼들은 어떤 사람들이며, 특히 어떤 마음을 가진 자를 쓰십니까(35:30-35)?

* 정교한 일(33): '도안, 계획'이란 뜻인데, 성막의 기구들을 도안하는 세공을 가리킴.

_____

_____

_____

_____

_____

_____

4. 성소에 쓸 모든 일을 총괄한 사람은 누구이며, 하나님께 드려진 예물이 얼마나 넉넉하게 되었습니까(36:1-7)?

* 부으사(1): '주다, 베풀다, 감동시키다'는 뜻인데, 지혜와 총명이 전적으로 하나님으로부터 온 것임을 강조함.

_____

_____

_____

_____

_____

_____

_____

5. 36:8-38절은 26:1-37절과 같이 성막을 만드는 양식과 과정에 관한 내용입니다. 얼마나 정교하고 정성스럽게 만들었는지를 살펴보시오.

* 해달(19): 바다 소나 돌고래로 추정되는데, 이것의 가죽은 방수력이 뛰어나고 기온의 변화에 강하여 성막의 윗덮개로 사용되었음.
* 그룹들(35): 거룩한 속성을 지닌 영적인 존재로, 하나님의 영광과 거룩을 호위하는 천사들을 가리킴.

6. 37장은 언약궤(1-9)와 상(10-16)과 등잔대(17-24)와 분향할 제단(25-29)을 만든 내용인데, 얼마나 섬세하게 만들어졌는지를 말해보시오.

* 속죄소(6): 특정한 지역이 아니라 법궤를 덮는 '덮개'를 가리키며, 매년 한번씩 있는 '대속죄일'(레 16장)에 대제사장이 이곳에서 백성과 자신의 죄를 속죄하였음.

● 삶의 자리

1. 하나님은 사람들을 통해서 일하시는 분입니다. 당신은 하나님께 쓰임을 받는
   것을 어떻게 생각하며, 또 하나님께 드림에 있어서 자발성의 중요성을 말해보
   시오. 또 어떤 일에 자발적으로 헌신하고 싶습니까?

_____

_____

_____

_____

_____

_____

_____

2. 하나님은 성막의 일꾼들에게 지혜와 총명과 지식으로 여러 가지 일을 하게 하
   셨는데, 어떻게 하면 이런 일꾼이 될 수 있을까요? 우리는 어떻게 하면 하나님
   의 일에 즐거운 마음으로 동참할 수 있을까요?

_____

_____

_____

_____

_____

_____

_____

말씀의 자리 +Plus

　　하나님은 성막에 대하여 큰 관심을 가지셨습니다. 출애굽기 26장부터 마지막 40장까지는 대부분 성막에 관련된 내용들을 기록하고 있습니다. 성막에 관련된 성소와 성물과 제사장의 다양한 규례에 대하여 자세히 말씀해 주셨습니다. 예를 들면 성물의 종류와 용도와 만드는 법까지 상세하게 가르쳐 주신 것입니다. 하나님께서 성막에 대하여 이토록 많은 관심을 가지신 것은 성막을 통해서 하나님을 섬기는 법을 가르쳐주기 위함도 있으셨지만, 더 중요한 이유는 성막이 하나님의 임재 장소가 되고, 장차 성막이 성전이 되며, 예수 그리스도를 예표하고, 또한 예수 그리스도를 믿는 성도들 안에 마음의 성전을 이루시기 위함이었습니다.

　　오늘 본문은 성막을 실제로 만드는 장면입니다. 하나님은 성막을 짓는 일에 제한을 두지 않고 준비되고 자원하는 사람들이 참여하도록 하셨습니다. 성막과 성물을 만드는데 필요한 재료들을 마음에 원하는 자들이 가져오게 하였고, 다양한 기구들을 만드는 사람도 마음이 감동된 모든 자와 자원하는 모든 자이면 누구나 참여하게 하셨습니다. 특히 하나님의 영이 충만하고 하나님께 지혜와 총명을 부으신 자들이 자원하여 헌신하도록 하였습니다.

　　오늘날 우리 그리스도인들은 출애굽 세대들이 성막을 짓는 모습을 보면서, 크게 두 가지 교훈을 새겨 볼 수 있습니다. 첫째, 성막은 하나님의 놀라운 은혜의 상징이라는 것입니다. 성막은 하나님을 위하여 짓게 하셨지만, 결국은 하나님의 백성들이 하나님의 임재를 경험하며 하나님과 함께하는 은혜를 주시기 위함입니다. 둘째, 성막을 짓는 것은 하나님을 섬기는 삶의 과정입니다. 하나님께서 주신 재능과 재물을 드려서 성막을 짓는 것은 우리 그리스도인들이 하나님을 섬기며 사는 모습입니다. 우리 마음의 성전도, 공동체적으로 지어가는 성전도 아름답고 정성껏 지어야 하겠습니다.

성막의 완성과 여행

성경본문 ┃ 출애굽기 38-40장

요절 ┃ "모세가 그 마친 모든 것을 본즉 여호와께서 명령하신 대
로 되었으므로 모세가 그들을 축복하였더라" _39:43
"구름이 성막 위에서 떠오를 때에는 이스라엘 자손이 그
모든 행진하는 길에 앞으로 나아갔고" _40:36

──────────── 시작하는 이야기 ────────────

인생은 향해하는 배와 같고, 등산을 가는 것과 같다는 말이 있는데,
사람은 인생의 여러 과정 속으로 여행하는 것이라고 봅니다. 여행은 잘
아는 분과 편한 사람과 하라는 말이 있는데, 인생 여행은 우리를 가장
아시고 우리를 잘 안내해 주시는 하나님과 함께해야 되는 줄 믿습니다.
오늘로 출애굽기 마지막 공부가 되었습니다. 하나님께서 베푸신 놀라
운 출애굽의 구원, 광야에서 이스라엘 백성들을 훈련하시고 도우신 일
들이 생생하게 다가오는 듯합니다. 성막의 완성과 제사 제도의 확립은
이스라엘 백성이 하나님의 구원 사역의 계획을 공적으로 부여받게 된
것을 의미하며, 하찮은 유랑 민족, 노예 민족에 불과했던 이스라엘 민
족이 이제 하나님의 주권적인 선택으로 선민이 되었을 뿐만 아니라 하
나님의 임재 가운데서 하나님과 교제할 수 있는 성막과 제사 제도가 확
립되었다는 점에서 놀라운 은혜를 받은 것입니다.

오늘 본문은 중요한 내용들입니다. 성막이 어떻게 완성되었고, 성막
의 완성이 갖는 의미가 무엇이며, 성막과 함께 새로운 여행을 하는 이
스라엘 자손들의 여행이 우리에게 어떤 의미가 있는 지를 묵상하면서
공부해 봅시다.

● 말씀의 자리

1. 번제단(38:1-7, 27:1-8), 놋 물두멍(38:8, 30:17-21), 성막 울타리(38:9-20,
   27:9-20)를 어떻게 만들도록 하였으며, 왜 이렇게 반복해서 기록하고 있을까
   요?
   * 번제단(1): 희생 제물을 불태워 향기를 하나님께 올려드리는 제단으로, 성소 앞 성막 뜰에 위치하며, 일명
   '놋제단'이라고 부름.

2. 성막을 만든 핵심 인물은 누구였으며(38:21-23), 성소 건축 비용과 참여한 회
   중의 수와 드린 금액이 얼마나 되었으며, 무엇을 만드는 데 사용되었습니까
   (38:24-31)?
   * 증거막(21): 증거의 돌판(십계명)을 보관하고 있는 증거궤가 있는 장막을 가리킴.

3. 제사장의 옷(39:1-7; 28:1-14), 흉패(39:8-21; 28:15-30), 긴 옷과 속옷 (39:22-31)을 어떻게 만들었으며, 특히 강조하고 있는 점이 무엇입니까?
  * 흉패(8): 대제사장이 에봇 위 가슴 부위에 매는 12개의 보석이 달린 패( ). 흉패 안의 '우림과 둠밈'은 하나님의 뜻을 묻는 도구로 사용됨.
  * 여호와께 성결(30): 하나님을 섬기는 자의 구별됨과 정결함을 나타냄.

_____

_____

_____

_____

_____

4. 성막의 모든 역사를 마치고 모세에게로 가져온 것들은 무엇이며, 모세가 이스라엘 자손들을 축복한 이유가 무엇입니까(39:32-43)?
  * 성막(40): 광야에서 지은 천막 성소이며, 이 성막을 '장막'(25장), '회막'(민 11:16), '여호와의 전'(34:26), '여호와의 장막'(왕상 2:28), '여호와의 집'(수 6:24), '증거막'(민 9:15), '증거의 장막'(민 17:7), '하나님의 집'(대상 6:48) 등으로 불리워졌으며, 이 이동식 천막 성막이 고정된 성전으로 솔로몬 왕 때 지어졌고, 예수님은 성전을 자기 육체라고 말씀하셨음(요 2:19-21).

_____

_____

_____

_____

_____

_____

5. 성막의 모든 역사가 마쳐진 후에 하나님께서 모세에게 이르신 말씀을 차례대로 나열해보고(40:1-11), 특별히 아론과 그의 아들들이 제사장의 직분을 어떻게 감당하도록 하십니까(40:12-16)?

* 첫째 달 초하루(2) : 출애굽 제2년(B.C. 1445) 아빕월(니산월 1월) 첫째 날.

_____

_____

_____

_____

_____

6. 성막이 언제, 어떤 순서로 세워졌으며, 회막 안에는 무엇이 설치되도록 하였으며(40:17-33), 성막의 역사가 다 마쳐졌을 때 어떤 현상이 일어났고, 이스라엘 자손들은 가나안을 향하여 어떻게 나아갑니까(40:34-38)?

* 번제와 소제(29) : 번제는 제물의 가죽을 제외한 모든 부분을 불태워 드린 제사인데, 하나님과의 정상적인 관계 유지 및 헌신을 상징하였고, 소제는 구약의 5대 제사 중 유일하게 동물이 아닌 식물로 예물을 삼아 드리는 제사로 하나님께 충성을 다짐하며 베푸신 은혜에 감사드릴 때 드리는 제사.
* 행진(36, 38) : '여행'(traveled, journeys).

_____

_____

_____

_____

_____

_____

● 삶의 자리

1. 하나님은 성막을 만드는 과정과 성막의 일을 통해서 하나님을 섬기는 법을 가르쳐 주시고자 하셨는데, 오늘날 우리가 하나님을 섬길 때에 어떻게 섬겨야 하며, 혹 하나님을 잘못 섬기는 원인이 무엇이라고 생각하십니까?

_____

_____

_____

_____

_____

_____

_____

2. 출애굽의 하나님, 광야에서 성막을 만들게 하신 하나님은 어떤 분이십니까? 성막과 대제사장의 역할은 장차 예수님께서 행하신 일의 모형이었는데, 그런 측면에서 예수님은 우리를 위하여 무슨 일을 하셨습니까(히 9:1-28)?

_____

_____

_____

_____

_____

_____

_____

_____

성막은 하나님께서 주신 설계도에 따라서 완성되었습니다. 출애굽기 39장 42절을 보면, '여호와께서 모세에게 명령하신대로 이스라엘 자손이 이 모든 역사를 마쳤다'고 말씀하고 있는데, 36장과 37장에서는 성막과 성막 안에 놓일 성물이 만들어졌고, 38장에서는 성막 밖에 놓일 성물들이 만들어진 것과 지금까지 수고했던 일꾼들과 제작에 소요되었던 비용에 대하여 말해주고 있습니다. 특히 소요된 물품 담당은 이다말, 성막 건축 총책임자는 브살렐, 실무책임자는 오홀리압이고, 제작 비용은 금 29달란트 73세겔, 은 100달란트 1775세겔이고, 성막 건축에 참여한 자는 20세 이상 603,550명이었습니다. 이렇게 하여 성막과 성막의 기구들, 성막을 섬길 제사장이 준비되고 모든 것이 마련되었습니다. 마지막 40장은 준비된 성막을 설치하는 내용과 여호와의 영광이 성막에 충만하게 임하는 모습, 그리고 성막과 함께 이스라엘 자손이 행진하는 장면을 보여주고 있습니다.

성막의 완성은 하나님을 향한 이스라엘 백성들의 마음을 함축해 주는 것일 뿐만 아니라 하나님께서 이스라엘 백성들 가운데 임재하심을 나타내 줍니다. 그리고 하나님은 하나님을 향한 사랑과 헌신이 드려진 성막을 통해서 영광을 받으시며, 영광을 나타내 주셨습니다. 우리는 성막이 완성되는 과정을 보면서, 자기 백성과 함께 하시려는 하나님의 깊은 사랑을 느끼게 됩니다. 또한 하나님의 종 모세의 리더십, 그리고 백성들이 자원하여 즐거이 예물을 드리며 헌신하는 모습을 통해서 하나님을 섬기는 일이 얼마나 행복하고 가치 있는 지를 배우게 됩니다. 하나님은 옛날이나 지금이나 동일하게 우리와 함께 하시며, 우리를 인도하시길 원하십니다. 영원한 참 성전되신 예수 그리스도 안에서 하나님의 임재를 경험하며 하나님의 백성답게 살아갑시다.

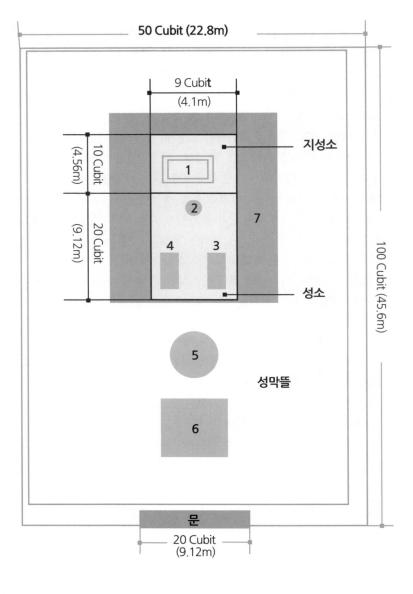

성막의 평면도

50 Cubit (22.8m)

9 Cubit (4.1m)

10 Cubit (4.56m)

20 Cubit (9.12m)

100 Cubit (45.6m)

지성소

1

2

7

성소

4

3

5

성막뜰

6

문

20 Cubit (9.12m)

136

성막

성소 지성소

물두멍

번제단

・ 1: 법궤 2: 분향단 3: 떡상 4: 등대 5: 물두멍 6: 번제단 7: 덮개
・ 성소와 지성소의 높이: 10C (45.6m) ・성막뜰 울타리 높이: 2.5m

MEMO

MEMO

141

MEMO

ESP(기독대학인회 출판부)는 다음과 같은 마음을 품고
기도하면서 일하고 있습니다.

첫째, 청년 대학생은 이 시대의 희망입니다.
둘째, 하나님의 말씀인 성경을 사랑합니다.
셋째, 문서사역을 통하여 성경적 세계관을 정립해 나갑니다.
넷째, 문서선교를 통하여 총체적 선교에 도움을 주고자 합니다.